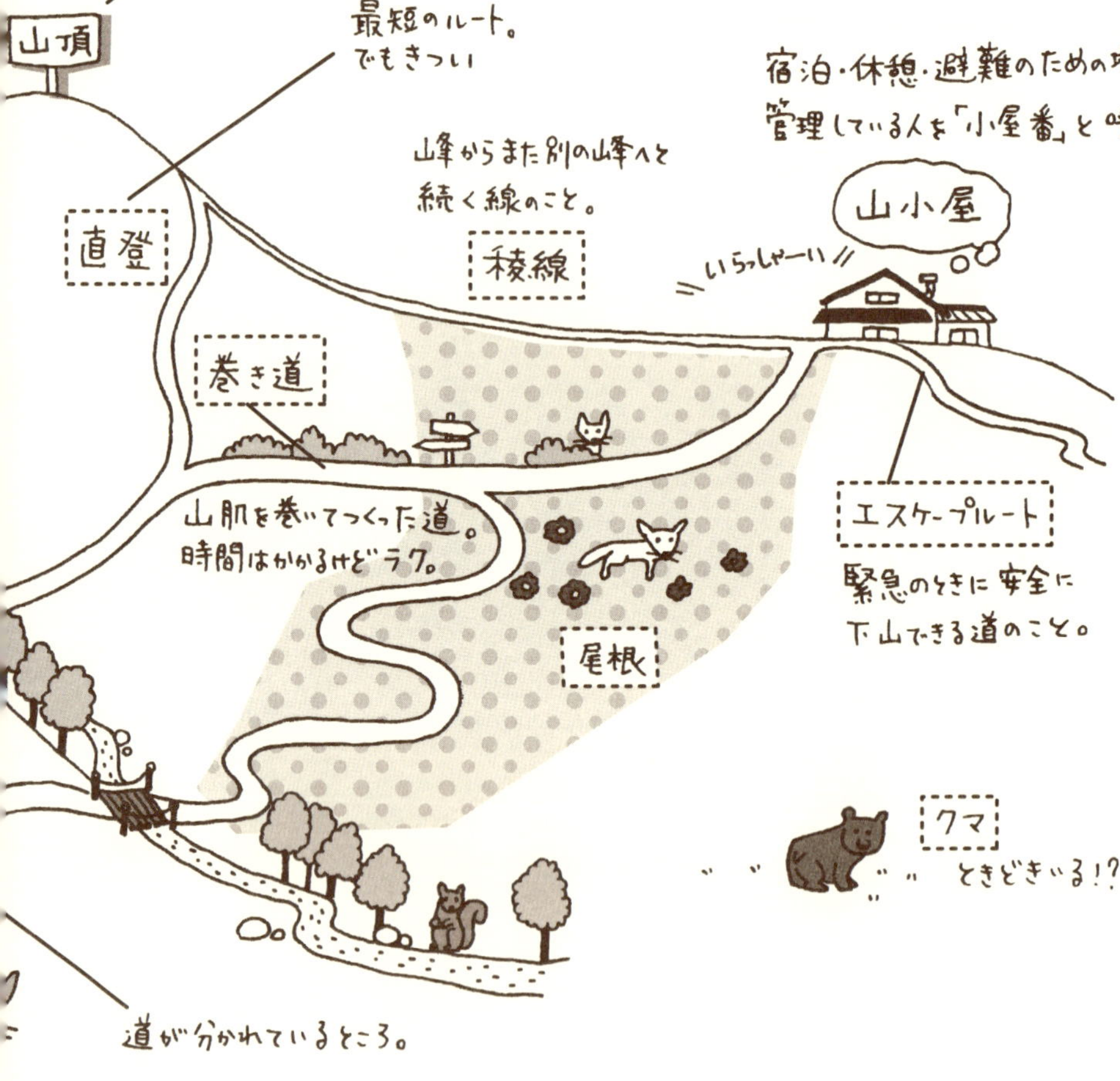
山のてっぺん！
「山峰」とも呼ぶ
山頂
最短のルート。
でもきつい
直登
山峰からまた別の山峰へと
続く線のこと。
稜線
宿泊・休憩・避難のための場所。
管理している人を「小屋番」と呼ぶ。
山小屋
いらっしゃーい
巻き道
山肌を巻いてつくった道。
時間はかかるけどラク。
尾根
エスケープルート
緊急のときに安全に
下山できる道のこと。
クマ
ときどきいる！？
道が分かれているところ。
登山道の多くは「尾根」についている。
尾根とは"山の背骨"にあたる部分で、
谷と谷の間の高い部分のこと。

稜線
谷
尾根
山は凸凹していて
雨傘のようなカタチをしている。

山ってどんなところ？

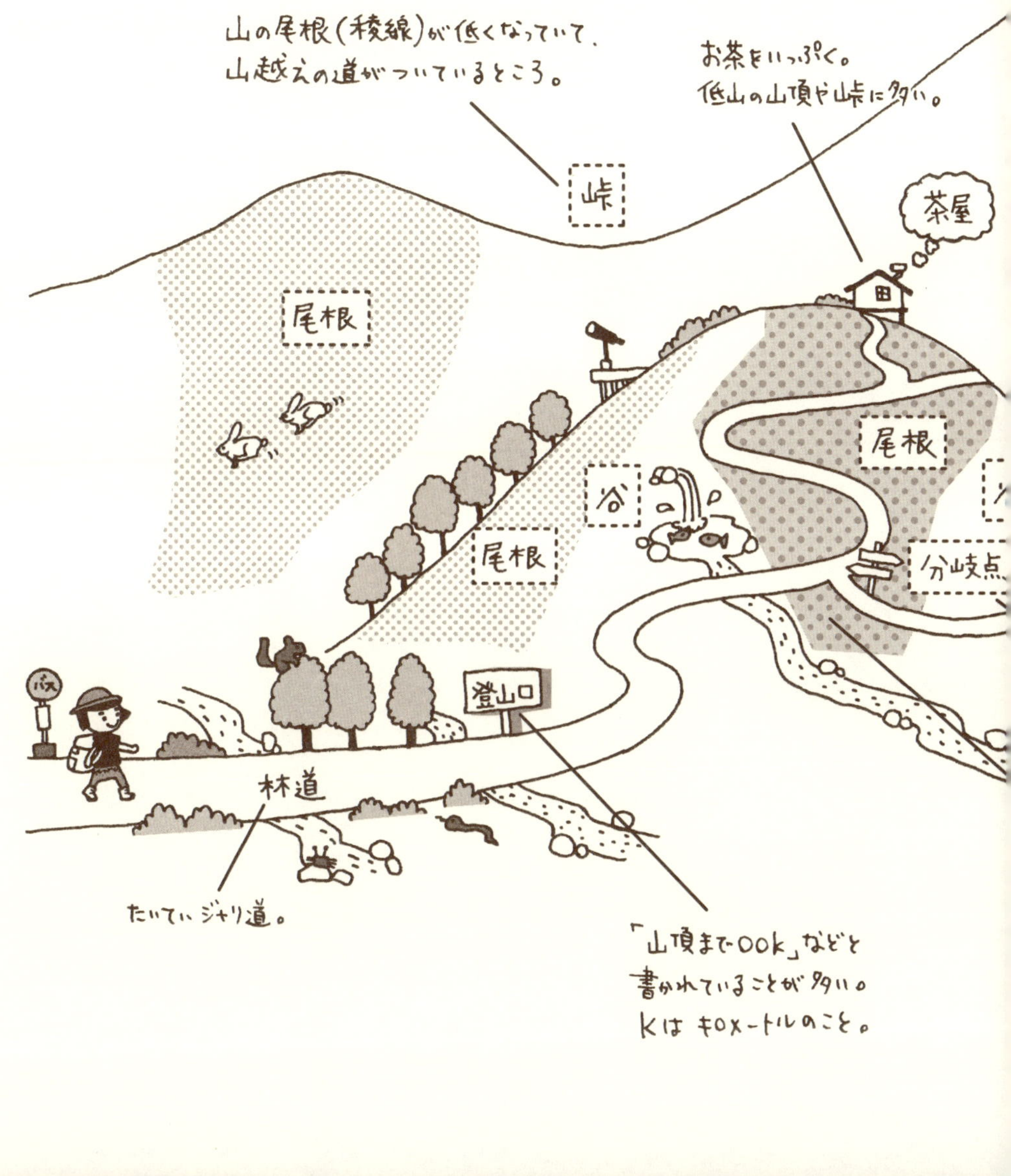
山の尾根（稜線）が低くなっていて、
山越えの道がついているところ。
峠
お茶をいっぷく。
低山の山頂や峠に多い。
茶屋
尾根
尾根
谷
尾根
分岐点
バス
登山口
林道
たいてい ジャリ道。
「山頂まで○○k」などと
書かれていることが多い。
kは キロメートルのこと。

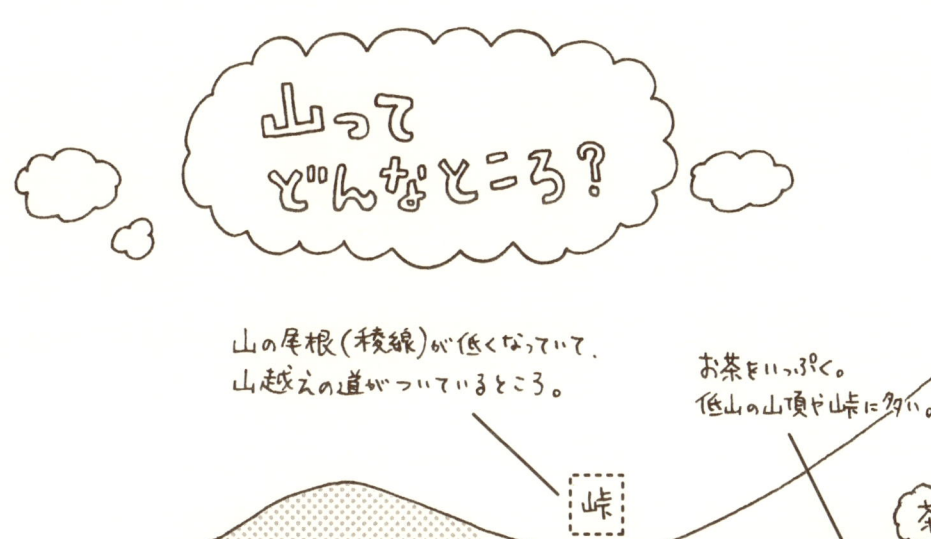

つかれた？
「へーきだよ」

山ってどんなとこ?

「あそびば!」

歩いて、笑って、汗かいて。

「またくる？」「くる！」

4歳からはじめる
親子トレッキング

旬報社

プロローグ

山登りの経験が一度もなく、たとえあったとしても「子どもを連れてなんて不安でいっぱい！」という人のために、私はこの本を書こうと思います。初心者親子にも無理なく、楽しく、安全に山登りを続けていただくため、必要なことを惜しみなく、わかりやすく伝えたいと思います。

ひょっとすると、本書は一般的な登山入門書とは異なる内容があるかも知れません。けれど、ここでお伝えするすべては、私自身がふたりのわが子とはじめたトレッキングと、のべ一万人の親子との一〇年以上におよぶ活動から学んだことを前提にしています。

子どもは一歳前後になると、ハイハイからつかまり立ちを始め、やがて二本の足で立ち上がり歩きだそうとします。カラダいっぱいにうれしさをたたえ、懸命に歩こうとする子どもの姿は見ているだけで幸せな気持ちになります。幼い子どもがよちよちとただ歩くだけの光景が、なぜこんなにもほほえましく、愛おしく思えるのでしょうか？　答えは、とてもシンプルです。私たちは二足歩行という進化をとげ、歩くことによって豊かさを手に入れてきた生き物だからです。

車も飛行機もない太古の時代から、地球上のあらゆる環境に分け入り、行く先々に文明を起こしてきた原動力には、二足歩行を唯一の移動手段にしてきた私たち祖先の営みがありました。牛や馬を動力に使ったり、ソリやイカダを使って移動するのはずっとずっとあとのことです。もっとも、そうした移動手段を手にしたあとでさえ、私たちはつい百年ほど前までは歩くことを最大の移動手段にしてきました。

　世界がどんなに便利で快適なものに変わっても、私たちがいまだに子どもの歩く姿に喜びを覚えるのは、そこに人類が育んできた〝普遍の遺伝子〟を見るからです。ただ、いつもはそれに気づかなかったり、意識する必要がないほど当たり前の行為になっているだけなのです。

　登山やトレッキングの基本も歩くことにあります。山は歩くことにはじまり、歩くことで完結する運動です。歩くことで叶えられることのすべてを、私は〝歩くチカラ〟と呼んでいます。

　子どもの中にも受け継がれている遺伝子〝歩くチカラ〟は、山歩きを通してさまざまな場面で求められ、養われていくのです。

　いまはまだおぼつかない足取りの子どもであっても、その中に秘められた歩くチカラを信じて、さあ親子トレッキングをはじめてみましよう！

もくじ

3章 実践編

いざ山へ！上手な歩き方、休み方

4章　コースガイド
親子におすすめ関東周辺20コース

5章 上級編
もっと高い山へチャレンジ!

1章 入門編

山をはじめる前に知っておきたいこと

親が初心者でも大丈夫なの？

私が登山に目覚めたのは四〇歳からです。中学時代から登山をやっていた同じ歳の友人がいて、こうアドバイスしてくれました。「どうせやるなら高尾山みたいな低山からじゃなくて、最初っから三〇〇〇メートル級の山に登った方が絶対にいいぞ」。

高尾山は東京にある標高五九九メートルの人気の低山。毎週末大勢の登山客でにぎわいます。しかし、私は実際、高尾山には一度も登ったことがなく、素人のくせに「高尾山なんて。ケッ！」と小馬鹿にしていました。友人の助言に素直に従って、私は彼と北アルプスの山々へと出かけました。登山にかけては筋金入りの彼のおかげで、初心者の私は多くのものを学ぶことができました。

そんな私が「親子山教室」（現在・親子山学校）という親子のためのトレッキング教室をはじめると、三〇〇〇メートル級の山はエベレストのように遠い存在に変わりました。四歳、五歳、六歳という子どもとその親たちの九割以上が山の初心者だったからです。その親子をひとりの脱落者も出さずに頂上に立たせ、ひとりのケガ人も出さずに下山させ、「手こずる場面もあったけど、山って楽しいな」と全員に思ってもらうには高尾山のような低山こそが最高の〝教室〟だったのです。

前置きが長くなりましたが、親子トレッキングにおいては、親が山の初心者でもまったく問題あ

りません。もちろん、いきなり健脚者向けの難度の高い山は無理ですから、家族向け、初心者向けと言われる低山からはじめることが前提です。

私の経験上、初心者ほど山に対して謙虚に向き合える人が多いと思います。大事なことは、親であるあなた自身が心の底から「山に行きたい！」という強い気持ちを持ち続けられるかどうかなのです。

山ではいつも以上に親としての力量が試されます。手のかかる子どもの面倒をみながら、気まぐれやわがままにも耐え、大人と比べて身体能力や判断力にも劣る子どもと最後まで根気よく歩き、無事に下山させる。親にはこれだけのことが求められるわけです。おそらくほとんどの親はそのことに腐心するはずです。

けれど、山でそれだけのことができれば、あなたはもう立派な登山者。しかも気がつけば、親子トレッキングを通して一人前の親になっているかも知れません。山は〝親のチカラ〟を磨く場でもあるのです。

四歳になれば〝トレッキング適齢期〟！

はじめて子どもを山に連れて行くとして、まず気になるのが「何歳から大丈夫？」ではないでしょうか。

私の経験から、低山であれば、保育園や幼稚園でいう年少（四歳児）、年中（五歳児）、年長（六歳児）になれば十分にスタートできます。

乳幼児期を脱した四歳から六歳までの子どもたちは、すでに歩くことが日常的に身についているはずです。運動能力も月日を追ってぐんぐんと伸びてゆく時期ですし、自我にも目覚めて体験したことを子どもなりに学びとり、自分のものにしてゆく時期です。二歳児や三歳児でも身体能力の高い子はいますが、山に登ることを子どもなりに自覚し、山に主体的に向き合えるようになるのは、やはり四歳以降だと感じます。

同時に、四歳から六歳という年齢は、まだまだ親子が親密な絆で結ばれている時期です。登山道では親が子どもの手をとって歩かなければならない場面もたくさんあります。親子で仲良く手をつなぎ、歩調を合わせながら歩く時間こそ、親子トレッキングの〝いちばんおいしい時間〟。なにをするにも歩くことが当たり前の行為なんだと子どもにうえつける意味でも、この時期からはじめるの

4～6歳の子どもであれば十分に山を楽しめます。
どんどん自然の中へ連れ出しましょう！

が理想的だと思います。

もちろん六歳を過ぎたから遅いということではありません。気力、体力のついてきた小学生であれば、より主体的に山に向き合えるはずです。

column

手をつなごう！

親子トレッキングで一番幸せな時間は、ひょっとしたら子どもと手をつないで歩く時間かもしれません。小さな子ほど、山道に入ると自然にすり寄ってきて親の手をつかみます。そんなとき「もう大きいんだから一人で歩きなさい」などと言わないでください。手をつないで歩ける歳月は思っている以上に短いもの。そして、その時間が長ければ長いほど親子の絆は深まるはずです。

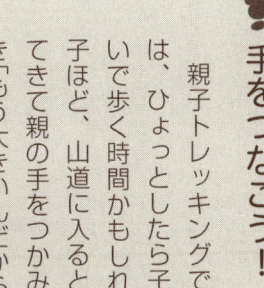

登山とトレッキングの違いって？

親子トレッキングをはじめる前に、山についての素朴な疑問に答えてみたいと思います。たとえば、「登山とトレッキングはどう違うの？」。

明確な定義があるわけではありませんが、あえて言うなら、登山は山頂（ピーク）に立つことが目的で、そのために必要な装備と技術が求められます。平たく言えば「山登り」。

一方、トレッキングは登頂（ピークハント）が必ずしも目的ではなく、尾根や山の稜線などをたどりながら、自然の中に整備された登山道を使って歩きます。平たく言えば「山歩き」です。

これをもっと大ざっぱに分けると、ピクニック↓ハイキング↓トレッキング↓登山の順に難度が上がるということでしょうか。もっとも、ハイキングとトレッキングにはさほど大きな違いはありません。

ピクニックが服装や持ち物が日常の延長ですむものならば、ハイキングやトレッキングは山歩きにふさわしい装備でのぞむ必要があります。

私自身はトレッキングという言葉の持つのびやかなイメージが、親子でのぞむ山に一番ぴったりくると思うので、本書ではトレッキングという言葉を使って話をすすめます。もちろん、文章の流れの中で登山、山登り、山歩きといった表現を使うこともありますが、とくに断り書きがない限りはトレッキングに準じた表現だと思ってください。

登山

山頂(ピーク)に立つことが目的。山を下から上へと垂直に移動してゆくイメージです。場合によってはザイルなど専用の登山道具を駆使し、高度な技術が必要になります

トレッキング

登頂(ピークハント)が必ずしも目的ではありません。ほどほどにアップダウンはあるけれど、気分としては水平移動のイメージ。けれども装備や心構えは登山に準じます

どんな山が登りやすいの？

低山とは里山や丘陵のようなものから、標高一五〇〇メートル以下を指す場合など、とくに決まった定義があるわけではありません。本書では、登山道が整備された標高一〇〇〇メートル以下の山として話をすすめていきます。

親子でトレッキングをはじめるとするなら、低山が最適です。ただし、標高が低い山は登るのがたやすいかと言うと、必ずしもそうではありません。その反対に、標高二〇〇〇メートル以上と聞いて大変だと思った山が、行ってみると簡単に登れてしまう場合もあります。

登る大変さを左右する一番の要素は標高差です。たとえば、山頂の標高が五〇〇メートルの山と二〇〇〇メートルの山を単純に比べれば、誰しも前者は楽チンそうで後者は大変そうだと思うでしょう。

けれども、標高五〇〇メートルの山を標高一〇〇メートルの地点から登るとなると、その標高差は四〇〇メートルです。

一方、標高二〇〇〇メートルの山でも、ロープウェイでいっきに標高一八〇〇メートルまで上がれるとなると、実際に登る標高差は二〇〇メートルです。標高差だけをみれば、後者の高山のほう

山の標高よりも登山口からの「標高差」で登る大変さは違ってきます

が楽だとわかります。

もっとも、その標高差も当てにならない場合があります。たとえば富士山のように独立している山は、目的地の標高から出発点の標高を引けば純粋に標高差が出ます。しかし、多くの山はいくつもの尾根や峰を結んでできています。いちど尾根を登ったかと思えば、また谷に下ったり、ようやく稜線に上がったと思っても小刻みな起伏が何度も続いたりします。そうなると単に出発点から山頂までの標高差ではすまないということも覚えておいてください。

ただ、それでも、総合的にみて初心者親子は標高の低い山＝低山からはじめるのが一番です。二〇〇〇メートル級の高い山になると岩場が多くなったり、危険な箇所も増えて歩くにはそれなりの経験と技術が必要となるからです。

初心者親子が気をつけたいこと

〈山の時間と距離感覚〉

山では時間・距離感覚が平地とはまるで違って感じられるものです。とくに子どもと一緒になって夢中で歩いていればなおさら。どこまでも続く山道、急坂や悪路もあらわれます。自分たちはいったいどのくらい歩けるものなのか……そうした山特有の時間・距離感覚は、〝身体で覚えてしまう〟のが一番の近道です。

そのため、私が主宰している親子山学校では、「一時間休まずに歩くこと」をみなさんにお願いしています。これは山歩きが生まれてはじめてという親子でも、たとえ子どもが四歳であっても同じです。

じつは山道を休まずに一時間歩くというのは、大人でも楽ではありません。まして体力も不十分で、山に不慣れな親子は当然早いペースでは歩けません。三〇分が過ぎ、やがて四〇分を経過するころ

時間・距離感覚は
山特有のもの

になると、後ろから黙々とついてくる親子たちから「休憩はまだかな……」のオーラが濃厚にただよってきます。

私はその気配に気づかないふりをして、なおも歩きます。「まだ休まないぞ。あと十五分。きっちり一時間歩いてもらうぞ」と自分の心に言いきかせます。そして、歩みの遅い親子には、「ゆっくりでも大丈夫ですよ。そのかわり、私が休憩と言うまではコツコツと歩き続けてくださいね」と言葉をかけます。

じつは私も休みたいのです。けれど、残りの十五分から二〇分の苦しい時間帯でも歩けることが山では大切で、そうやって変化に富んだ山道を一時間休まずに歩く感覚がどんなものかを初心者のうちに早く身体で覚えてほしいのです。

一時間休まずに歩く。たったこれだけのことで、自分たちにはどれくらいの「距離」や「標高差」をすすむ力があるかを知ることにもつながります。そして時間と距離の感覚も磨くことができるわけです。

1時間休まずに歩いてみることで、山での時間と距離の感覚が身につきます

〈“親子の速度”を身につける〉

親子山学校では昼食以外の休憩はたったの五分。長くても一〇分です。

一時間歩いたら五分休み、また一時間歩く。これを繰り返しながら移動し続けます。一見過酷に思われるかもしれませんが、ゆったりと一定のペースですすみます。汗が吹き出るような、苦しくて顔がゆがむような、そんな苦行のようなペースでは決して歩きません。今日は調子がいいから坂を駆け上がってやろうとか、そんなことも絶対にさせません。

一時間歩き続けたあとの五分の休憩はとてもありがたい時間です。私は休憩のたびに「君たちは素晴らしいな！　休まずに一時間も歩けるんだからね」。そう言って小さな子どもたちを褒めてあげます。長時間歩けることが、子どもには本当に大きな自信になるのです。

もちろん何が何でも休まずに一時間歩けということではありません。苦しいときはちょっと立ち止まって息を整えたり、木々の葉っ

どんなペースで歩けるか。“親子の速度”を早く見つけましょう

ぱを透かす光に心を奪われたり、上空に湧く雲のかたちを楽しんだり、そうした〝小さな時間〟は、子どもにとっても句読点のような大切な時間です。そして、一定のペースで歩けるようになれば、そんな余裕も自然に生まれます。

どうしても一時間が大変ということであれば、三〇分からはじめてもかまいません。とにかく早く〝親子の最適な速度〟を身につけ、どんな山でも、どんなときも常に同じペースで歩く。たったそれだけで山登りの力がアップし、時間と距離感もつかめるようになるのです。

〈天候の変化に気を配る〉

もうひとつ、山の初心者親子に注意を払ってもらいたいのが天候です。ご存知のとおり、山の天気は変わりやすく、それは低山でも同じです。

山には標高が一〇〇メートル上がると気温が〇・六度下がる、風

“小さな時間”は子どもにとって大切な時間

午後になるほど
天気は下り坂

山は「早めの出発と早めの下山」が基本です

速が毎秒一メートル増すごとに体感温度は約一度下がるという法則があります。基礎知識として知っておくのはかまいませんが、初心者親子で登るような低山でそんな計算にはたいした意味はありません。

それよりも、とにかく「時間が遅くなるほど気象条件は悪くなる」と覚えておいてください。空気が澄んでいる朝から午前中は、山の天候も安定していることが多いので、快適に歩けます。しかし、標高が高くなり、時間も遅くなるほどガスがかかってくる、雷が発生するなど、気象条件は悪くなります。そのため、山登りの鉄則は「早めの出発と早めの下山」です。子連れのトレッキングでは、大人同士以上にこの点に注意を払ってください。

私が子どもたちとよく通った東京都の最高峰、雲取山（二〇一七メートル）の場合、標高五四〇メートルの鴨沢という場所から歩きはじめます。

お昼ごろまでは安定していた空模様も、標高が一六五〇メートル付近のブナ坂を登るころから怪しくなり、標高一八〇〇メートル前後の石尾根にさしかかると急にガスが出てきたり、雨雲に包まれるという経験が何度もありました。

標高が高くなるにしたがって、気圧の影響は受けやすくなり、気温の変化(当然、低くなる)も大きくなりますから、遅い時間帯の行動はそれだけリスクが大きいということを覚えました。さらに、そのあたりは一日の行程で最も疲れてくる後半部分でしたから、いつしか子どもたちとブナ坂を登るときは、気持ちを引き締めてピッチを落とさずに通過することを心がけるようになりました。石尾根まで上がってしまえば、その先には山小屋(奥多摩小屋)があり、もう安心だからです。

このように、たとえ科学的な根拠が分からなくても「ブナ坂から先は天候が崩れやすい」と学習しておくわけです。一日ずっと好天ですめば「今日は幸運だった」と謙虚に喜び、山の神様に感謝すればいいのです。

大事なことは、山で起きる自然の些細な変化をひとつひとつしっかりと受け止めて、身体に刻む習慣をつけることです。――あの谷沿いを行くといつも涼気を感じる。あの峠に立つと必ず東から西へ吹く風がある――。どんなときに、どんな場所で、どんな自然のささやきを感じたか。それをどれだけ体験するかで、山の天気と上手に向き合える力が備わります。科学的な知識を仕入れるより、そうした自然の変化をキャッチする力を磨くことが、じつは決定的に大事なんだということを、私はあえて強調したいと思います。

一年を通して低山を歩こう！

初心者親子の山歩きの対象は低山です。それでも登山道には小さな子どもにとっては厄介な段差、木の根、岩がいたる所にあります。また、暑さや寒さに身をさらして歩き、四季折々の自然の変化を体験することもできます。つまり、低山は親子が安心して山歩きのトレーニングを積む格好の場所なのです。

親子トレッキングをはじめようと思っているみなさんへのお願いは、一度や二度でやめずに、まずは一年を通して山歩きを継続してほしいということです。子どもと一緒に山へ行くことを家族の当たり前の行事として、できれば月に一回は出かけてほしいと思います。私の子どもたちも、親子山教室の大勢の子どもたちも、低山をフィールドにして徹底的に歩きました。そうやって毎月の低山トレッキングを二年から三年も続けると、親も子も山歩きの達人になってゆきます。

そして、子どもが心も身体も十分に成長したのを見届けて、いっきに二〇〇〇メートルから三〇〇〇メートル級の山へ連れて行くと、子どもたちはどんな場面にもおくすることなく、状況を瞬時に見極めながら素晴らしい歩きを披露してくれます。そんなとき、親であるあなたは「あの低山の日々があったからいまがある」と実感するはずです。

一年を通じてのトレッキングを！

column

"プレ親子トレッキング"のすすめ

私の子どもたちの山デビューは、長男は四歳、長女は三歳半でした。最初から山登りをさせるつもりで子どもを育てたわけではありませんが、振り返ると、山を歩かせる前にずいぶん公園歩きをさせました。当時、我が家は東京の吉祥寺に住んでいましたが、休日は近所の井の頭公園で、たいてい親子で半日がかりの散歩をしました。小さな自然を散策しながら、「たくさん歩いたなあ」と思ったら、ご褒美にお団子を一本ずつ買って食べたり。そうやって過ごすことで、子どもたちに歩く楽しさを自然に身につけさせられたように思います。

まだ子どもが幼すぎたり、体力面が不安だという場合は、たとえばそうやって近所の公園を少し長めに歩かせるだけでも、ずいぶんその後の山デビューが楽になるはずです。

低山トレッキング、四季の楽しみ方

春

新緑の中を歩こう

新緑を迎えた春は、親子で心弾ませながら山歩きできる季節。ただし、この時期はまだ急に気温が低下する日もあります。寒さや雨への備えは忘れないようにします。

夏

極力ペースを落として

スタートを早め、沢沿いコースを選ぶなどすれば暑い夏の低山でも十分に楽しめます。ただし、汗がふき出るようなペースはＮＧ。こまめに水分や塩分も補給します。

秋

行動は早め早めに

暑さも峠を越して、ふたたび快適なトレッキングの季節です。春との違いは日没時間が徐々に早まること。のんびりし過ぎは禁物です。下山は早めを心がけます。

冬

じつはおすすめの季節！

山を知る者にとって低山のベストシーズンは冬。汗をかかず、木々は葉を落として視界もぐんと広がります。山頂に立てば澄み切った青空。注意点はやはり日没の早さです。

2章 準備編

どんな山に行く？
何をそろえる？

親子の山選び、五つの条件

初心者親子がトレッキングをはじめるには低山、もちろん日帰りです。地図を見れば一〇〇〇メートル以下の低山は日本中にそれこそ山ほどあります。けれど、標高が低ければどこでもいい、というわけにはいきません。山選びにもノウハウがあります。

私が考える「初心者親子の山選びの条件」は次の五つです。

① 情報量の多い山

② 登山者の多い山

③ アクセスのよい山
(駅から歩いて登れる等)

④ ケーブルカーやリフトのある山

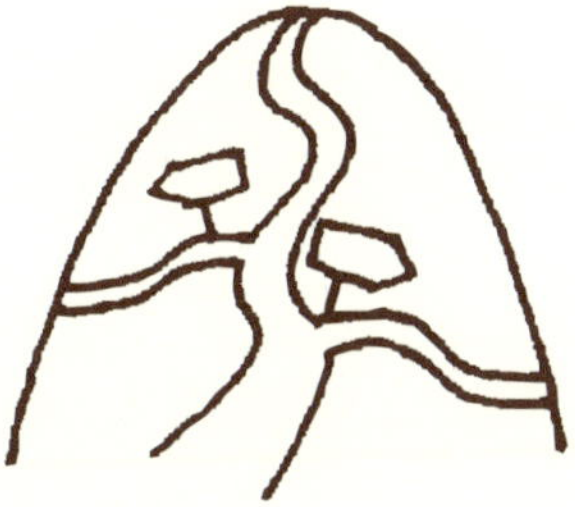

⑤ エスケープルートのある山

このうち、三つ以上が当てはまるなら理想的と言えるでしょう。

いずれにせよ、やはり情報が多く、楽にアクセスできる山であることがとても重要です。

とくに、小さな子どもを連れた山登りの場合、家の近所に登山道が整備された山があれば理想ですが、ほとんどの場合は電車かクルマで起点(最寄り駅や登山口)まで行くことになります。そこまで自宅から片道一時間以上かかってしまうようだと、山にたどり着く前に子どもが飽きてしまいます。また、子どもの乗り物酔いを避けたり、移動中にかかる親の負担を軽くする意味でもアプローチに長時間かけるのは得策ではありません。

それからもうひとつ、最初から奇をてらった難しい山選びはしないことです。条件にマッチするような山は、たいていその地域の〝メジャーな低山〟になります。たとえば東京なら高尾山、千葉なら鋸山、茨城なら筑波山……こうした山は登りやすいこともありますが、週末や休日、四季を問わず山歩きのベテランから初心者までを魅了する要素がたくさんある証拠です。

そうした何度も繰り返し通えそうな〝飽きのこない山〟を探すことが、これから山をはじめる上では大切です。

〈情報量の多い山〉

その山はいま登山に最適な季節か、どんなルートがあるのか、山頂までのコースタイムはどれくらいか……人気のあるメジャーな山ほど情報量は多く、しかも新しく更新されます。初心者親子は、まずそうした中から登る山を探すのが安心です。

情報源はガイドブックが基本になります。各社から多くの本が出されています。最近ではインターネットで手軽に山の情報が入手できますが、一般の登山者による主観に基づいた情報は正確性に欠けるので注意してください。

私は関東（神奈川県相模原市）在住ですが、関東以外にお住まいの方でも自分の地元の山を網羅したガイドブックが必ずあるはずなので探してみてください。その際、複数のガイドブックを見比べ

登山地図の定番が『山と高原地図』（昭文社）。
初心者にも見やすくて使いやすい地図です

てみましょう。写真ばかり多過ぎるものより、コースの詳細が簡潔に的確に書かれているもの、掲載されているコース地図がしっかりしているもの、このほかデータの新しさも判断基準です。

ガイドブックのほかに山のルート（登山コース）が詳細に示されている登山地図も書店で手に入ります。『山と高原地図』（昭文社）のシリーズがもっとも入手しやすく、初心者にもわかりやすいと思います。北海道から九州まで全国の山域ごとに区分けされているので、目指す山域の地図が必ず見つかるはずです。

このほか、地方の出版社や新聞社などでも、地元の山についてのガイドブックや登山地図を発行している場合があるので探してみてください。その山を管轄する地元自治体などでも山の情報（印刷物・ネットなど）を得ることができます。

〈登山者の多い山〉

登山者の多い山も初心者親子におすすめです。山の中でちょっとしたトラブルや判断に迷う場面でも、すれ違う登山者に声をかければ、いち早く不安材料が解消できるからです。登山者の多い山には、その山をこよなく愛し、何十回、何百回と登っている人もいます。休憩場所や山頂などで、そうした山の達人の言葉に耳をかたむけることも、得難い〝生きた情報〟です。

年配の登山者には、山を登る子どもの姿に感動して「偉いねえ、頑張って！」と声をかけてくる人も多くいます。子どもはそうやって知らない大人からほめられると、くじけそうな心も立ち直って元気に歩けるものです。

〈アクセスのよい山〉

自宅から山までのアクセス時間は、ぐずったり、乗り物酔いの心配

不安になってもすぐにたずねられます

があるため、子どもが小さければ小さいほど短くしたいものです。電車やクルマを使い、自宅から一時間以内がやはり理想でしょう。電車の場合、駅から登山口までの距離（歩く場合は一キロメートル以内が理想）、バスに乗るならその乗車時間も考慮します。

子どもが小さいのでクルマに乗せて、と考えている方も多いことでしょう。たしかにクルマがあれば登山口付近までダイレクトに行けるので便利です。

ただ、電車派の私としては、総合的にみても山登りは電車がいいと思います。自宅から電車に乗って山へ向かう間のわくわく感は格別です。乗り物好きな子なら「あの電車に乗れる！」という楽しみも加わり、大人は下山後の冷たいビールも気兼ねなく飲めますから！

〈ケーブルカーやリフトのある山〉

メジャーな低山の中には、ケーブルカー、リフト、ロープウェイなどが整っている山もあります。そうした山は体力面・経験面で不安の

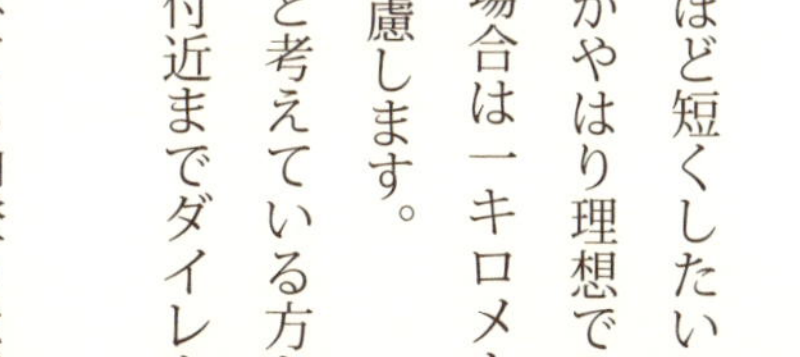

自宅から登山口まで1時間以内

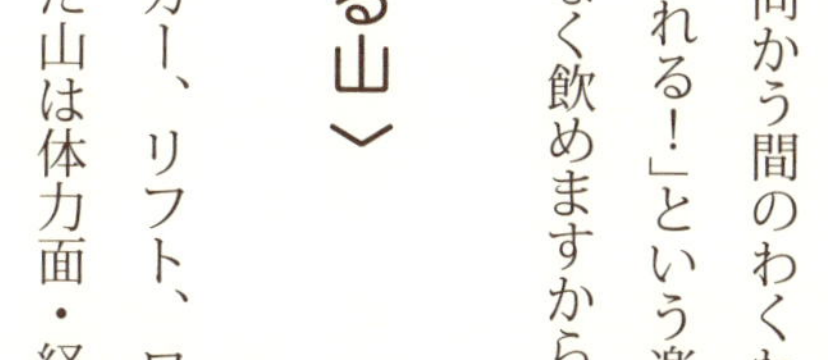

駅から登山口までは1km以内

知っておこう
準備しよう
山に行こう
おすすめコース
もっと高い山へ

ある初心者親子におすすめです。

けれども、ケーブルカーもやはり使い方次第。山麓から山頂まで片道三時間も四時間もかかる場合ならまだしも、片道二時間程度の山なら歩いて登りたいところです。小さなうちから子どもに「山はケーブルカーで登るもの」と教えてしまっては、歩くチカラは育ちません。

トレッキングにおいて、ケーブルカーを使うのは基本的には下山のときです。我が家でも、よほど歩き疲れたときや、歩いて下山したら日没になりそうな場合はケーブルカーを使いました。初心者親子であれば、子どもの体力や天候次第では、無理をしないでケーブルカーに乗り、余力を残して安全・確実に下山しましょう。

そのとき、「今日はがんばってたくさん歩いたね。ご褒美にケーブルカーで下りようよ」と言ってあげれば、子どもは自分の成果も認められたうえ、ケーブルカーにも乗れたことで、満足度の高いトレッキングになるはずです。

ケーブルカーがあればもしものときも安心！

〈エスケープルートのある山〉

子どもの体調が急に悪くなった、あるいは天候が急変してきたので早く下山したい。エスケープする原因はさまざまあると思います。来た道を戻ったほうが早ければそれでいいですが、その場から安全に早く下山できる道が別にあればそちらにルート変更します。そうした「エスケープルート」がある山というのも初心者親子にとって山選びの要素です。

具体的に言えば、歩く予定の登山道上に交差する別の登山道(つまり分岐点のこと)があり、そちらを使えば時間的にも早く、あるいは危険が少なく下山できる。そこから人里や交通機関のある場所まで行ける。これがエスケープルートの条件となります。

それが人里からいっそう遠のいてしまう道だったり、危険で険しい道ではエスケープルートにはなりません。あらかじめ地図を眺め、どんな分岐点があるか、その分岐の先が安心して下山できる道であるかをシミュレーションしておくことが大切です。

エスケープできる道を確認しておきましょう

登山靴

山登りの基本になる道具がこの三つです。

・靴
・ザック
・雨具

靴はもちろん登山靴のことです。ザックとはリュックサックのことでバックパックとも呼びます。雨具はレインウエアのことですね。この三つは「山の三種の神器」ともいえる大切なアイテムです。大人向けの山道具や衣類は選ぶのに迷うほど数多くあるので心配はいりません。けれど、子ども用となると途端に種類やサイズが少なくなるのが現状です。中でも一番重要な子どもの登山靴から話をすすめていきましょう。

〈登山靴は本格的なものを！〉

山登りをやっている大人の中には「子どもの靴なんて、なんだっていいじゃないか」と言う人もいます。しかし、それはあまりにも無責任な見解で、私は断固異を唱えます。

平地と違って、山では身体に負荷のかかる変化に富んだ道を長時間に渡って歩きます。デコボコがあるのは当たり前、子どもにとってひとまたぎでは乗り越えられない段差や石があったり、木の根っこが露出したり、さまざまな状況があらわれます。

トレッキングの醍醐味は、そうした自然の障害物をひとつひとつ乗り越えるところにありますが、そのためには背負ったザックも含めた自分の全体重をしっかりと支えてくれる靴でなければなりません。靴底で足元の路面を的確にとらえ、靴の内部を濡らすこともなく、足にも身体にも余分な疲労やストレスを加えずにすむ機能が備わっているのが登山靴。大人だけでなく、子どもにとっても一番安全で楽に歩ける靴なのです。

〈選ぶならミドルカットかハイカットタイプ〉

登山靴はケガの予防にも力を発揮します。大人でも子どもでも、とくに歩行中に起こしやすいケガはねんざです。

急な下り坂で、足首にちょっとおかしな重心がかかっただけでもねんざは起きます。その予防のためにも、くるぶしから上が隠れるようなミドルカットタイプか、足首までおおう深さのハイカットタイプの登山靴を選んでください。

子どもの登山靴は、数千円台から一万円台がだいたいの相場。育ち盛りの子どもは、足もすぐに大きくなって一年ではけなくなったりしますが、登山靴は子どもの安全への保険だと思って、それなりのものを買ってはかせてあげてください。

登山靴を購入するには、登山用品専門店や登山用品メーカーの直営店で、実際の商品を手にして選ぶのが安心です。こうしたお店には経験豊富な店主や店員がいますから、的確なアドバイスが得られます。

親子で新たに購入する場合は、必ず店員さんにどんな山に登るのかを具体的に伝えてください。どんな季節にどんな山を登るのかで、登山靴の性能や値段は大きく違ってきます。たとえば「千メートル

登山靴はミドルカットかハイカットタイプを

お店で買うときはどんな季節に、どんな山を登るかを伝えます

以内の低山を、積雪期以外、年間を通して日帰りトレッキングしたい」と伝えれば、店員さんはそれに見合った登山靴を選んでくれるはずです。

〈子どもの靴のサイズ合わせのコツ〉

子どもの登山靴を選ぶとき、大切なのはサイズ選びです。すぐに足が大きくなるからと大きい靴を選ぶと、靴の中で足が動いてツメを痛めます。

登山靴選びは大人の場合、通常の靴より一センチ程度大きいサイズを選ぶのが一般的ですが、子どもはもう少し足にフィットしたものを選びます。

サイズ合わせをするときは、イラストのように登山靴の中敷きを抜いて裸足をのせ、つま先に一センチほど隙間があるかどうかを見ます。足の指先が動かせる程度の隙間です。隙間が大きすぎれば、もうワンサイズ小さいものを選ぶようにします。

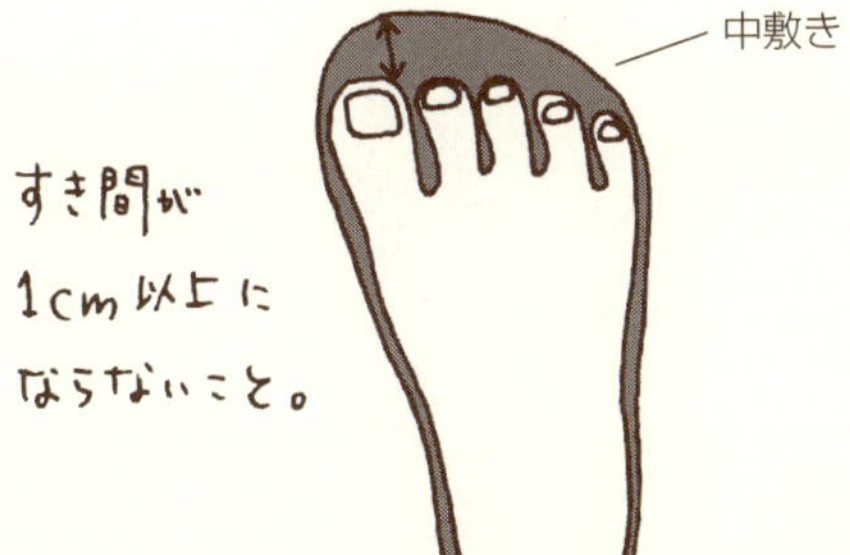

とはいえ、子どもの靴はたいてい一センチ刻みなのでなかなかちょうどよいサイズが見つからないことがあります。そのときはサイズ調整用中敷きを使うことで五ミリ単位の調整をしたり、または靴下の厚みによっても調整ができます。

とくに小さな子どもは、靴の大きい・小さいは自分で判断できません。登山専門店の店員さんでも子どもの登山用品になると案外勝手が分からない場合も多いので、親もしっかりと知識を持つことが大切です。

また、靴選びをするときにもうひとつ大事なのが、必ず実際にはいて購入を決めることです。たしかに登山靴はお店に行かなくてもインターネットなどでも買えます。けれど、山で、大げさにいえば命をあずける用具を試しばきもせずに買うのはあまりに危険です。ネットは情報集めに使い、購入は必ずお店でするようにしてください。時間をかけて靴選びに付き合ってくれ、前向きに相談に乗ってくれるお店を見つけられたら、ぜひ親しくなりましょう。今後のトレッキングの心強いアドバイザーになってくれるはずです。

〈サイズに合う靴が見つからなかったら〉

子どもの登山靴選びで困るのはサイズが限られていること。代表的なメーカーだと、モンベル社は一六センチからありますが、ザ・ノース・フェイス社は一七センチ、キャラバン社は一九センチからです。もし、どうしても合う靴がない場合は、スニーカーなどで代用するほかありません。私の子どもたちも、四歳前後で山登りをはじめましたが、最初ははける登山靴がなかったので、半年ほどスニーカーで代用しました。
　その際、くるぶしより上のミドルカットタイプで、ベルクロテープではなくヒモでむすび、さらに靴底がフラットではなく、グリップ力がありそうな凹凸の深いスニーカーを選んではかせました。もちろん登山靴に備わっているような防水性や防寒性はないので、雨の日や真冬には使えません。子どものサイズに合う靴が見つけられない間は、こうやって工夫してしのぐ以外にないのが現状です。

column

思い出の登山靴

　子どもが初めてはいた登山靴は、家族にとって大切な思い出になります。私の娘が生まれて初めてはいた山靴は、トレッキングシューズで定評のあるキャラバン社製の子ども用でした。足首まである編み上げ式の赤いブーツに、黒の靴ひもというシンプルでクラシックな靴(その型は現在製造されていません)でしたが、一年あまりではけなくなり、別な女の子にリユース(再利用)してもらうためにプレゼントしました。その思い出の靴は、今では当時の写真の片隅にそっと写っているだけです。

子ども用登山靴カタログ

モンベル/メドーウォーカー Kid's
幼児にもおすすめの全天候型トレッキングシューズです。防水仕様でありながら、優れたコストパフォーマンスを実現。柔らかく、軽やかな履き心地で、脱ぎ履きしやすいベルクロ留めです。5800円+税。サイズ：16～21センチ

モンベル／マーセドブーツKid' s
ハイキングにぴったりの子ども用ブーツ。柔らかな履き心地で、足全体を優しく包み込みます。かかとには夜間の視認性を高める反射テープ付き。ベルクロと靴紐でしっかりと締められます。4500円＋税。サイズ：22～25センチ

モンベル/マリポサトレール Kid's
独自の子ども専用のラスト(靴の木型)を使用した、防水仕様のトレッキングブーツです。脱ぎ履きしやすいリールアジャストシステム™を搭載。グリップ力に優れ、泥はけのよいソールパターンを採用しています。7800円+税。サイズ：16～25センチ

コロンビア/ユース カラサワライト ウォータープルーフ
子どもの足に負担をかけない超軽量タイプのトレッキングシューズ。優れたクッション性で足をしっかりとサポートします。ウォータープルーフ仕様なので、雨の侵入を防ぎ、快適な履き心地です。8200円+税。サイズ：19～24センチ

キャラバン/C1_JR
子どもの歩きやすさを考えて全体をソフトに設計。つま先やかかと部分には適度な剛性があり、起伏のある登山道から子どもの足を守ります。着脱可能なフルインソールで、足の成長に合わせたサイズの微調整もできます。8500円＋税。サイズ：19～24センチ

ザ・ノース・フェイス/ヘッジホッグ ファストパック ライト ミッド WP (キッズ)
子ども用の本格トレッキングブーツです。軽量で履きやすく、歩行時の衝撃を吸収し、安定感を高めるミッドソールと、悪路にも対応するアウトソールを搭載。高い防水性能で、雨天時のハイキングにも適しています。8800円+税。サイズ：17～23センチ

子どもの山道具　ザック

〈幼児〜低学年ならまずは一〇リットル〉

子どもが小さなうちは、ザックはふだん使いのリュックでもかまいません。ただ、安くすませようと代用品で工夫するのも場合によりけりです。子どもにサッカーを習わせるのに、野球のユニフォームを与える親はいません。登山には登山を考えてつくられた道具があります。山へのモチベーションを上げるためにも、子どもに〝自分の道具〟を手にする喜びを与えてあげたいものです。子どものサイズに合った登山用ザックが購入できるなら、ぜひそろえてあげてください。

子ども用のザックの大きさ（容量）は、幼児から小学校低学年ならせいぜい一〇リットルまで。それから成長に合わせて一五リットル、二〇リットルと容量を上げていきましょう。何年も使わせたいからと、子どもが隠れてしまうようなザックは背負わせないこと。また、横に広がった

ザックは横に広いものより縦長タイプの方が動きやすいのでおすすめ

タイプは、荷物を入れると身体が左右に振られるので登山には不向きです。背中と一体となって歩ける縦長タイプを選びましょう。

子どものザックはなるべくシンプルな構造がおすすめです。あちこちにポケットや収納スペースがついているのは、一見便利で機能的に思えますが、どこに何が入っているかを瞬時に判断し、迅速に出し入れできる子どもはまずいません。主要な収納スペースがひとつのタイプ(一気室タイプ)で、せいぜい小物を入れるポケットがひとつあるくらいのものを選んであげてください。

〈荷物の重心は腰より上に置く〉

子ども用・大人用にかかわらず、登山ザックにはヒップベルト、ショルダーベルト、さらにはチェスト(胸)ベルトまで付いています。なぜ何カ所もベルトがあるかといえば、ザックを身体にぴったりと固定して一緒に動いたほうが負担も少なく安全だからです。背負ったザックがぶらついていると身体に余計な負担がかかって疲れるし、バランスを崩し事

ポケットが多いタイプ

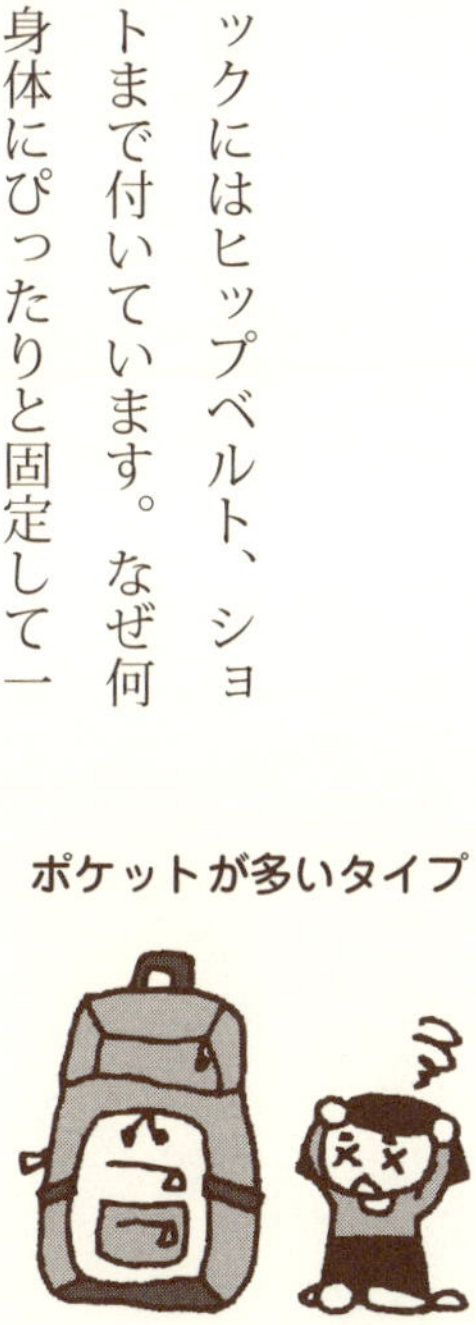

シンプルなタイプ

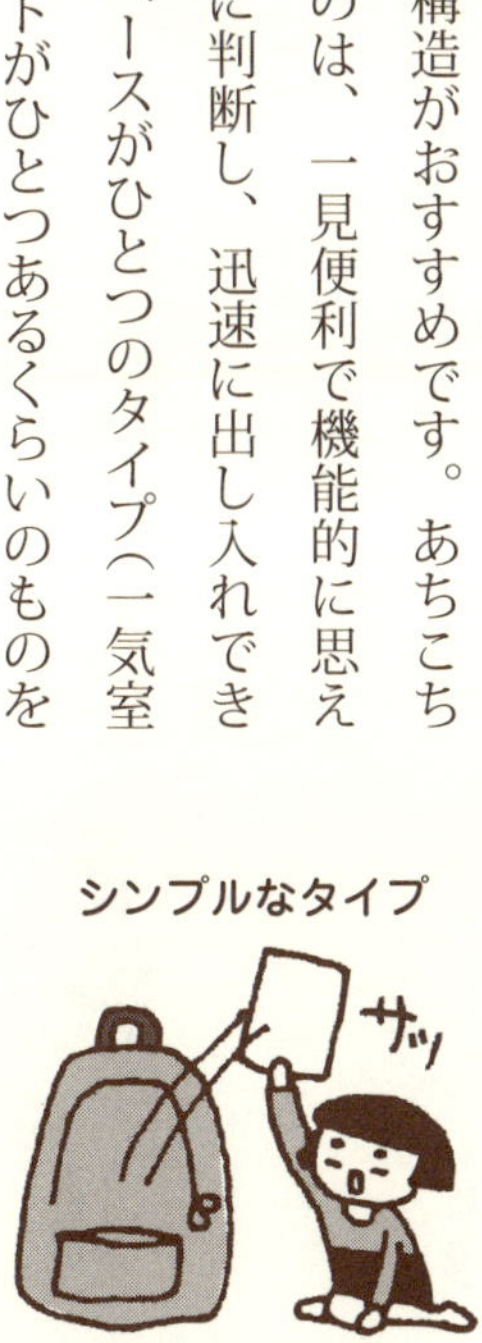

ポケットが多すぎると、収納場所がわからなくなります

故につながります。

ザックを背負うときは、最初にヒップベルトを腰骨に合わせ、次にショルダーベルトを引っ張ってザックの重心をできるだけ腰より上の高い位置に調整します。こうすると背負い心地がよく、ザックの機能も生きます。

大人にもよく見られますが、ザックの外にコップやら水筒やらをあれこれとぶら下げて背負うのはあまり感心しません。なにかの拍子に枝などに引っかかって転倒事故につながる危険性がありますす。必要なものは必ず中に収納し、外はすっきりとさせておく方がスマートです。

子ども用ザックカタログ

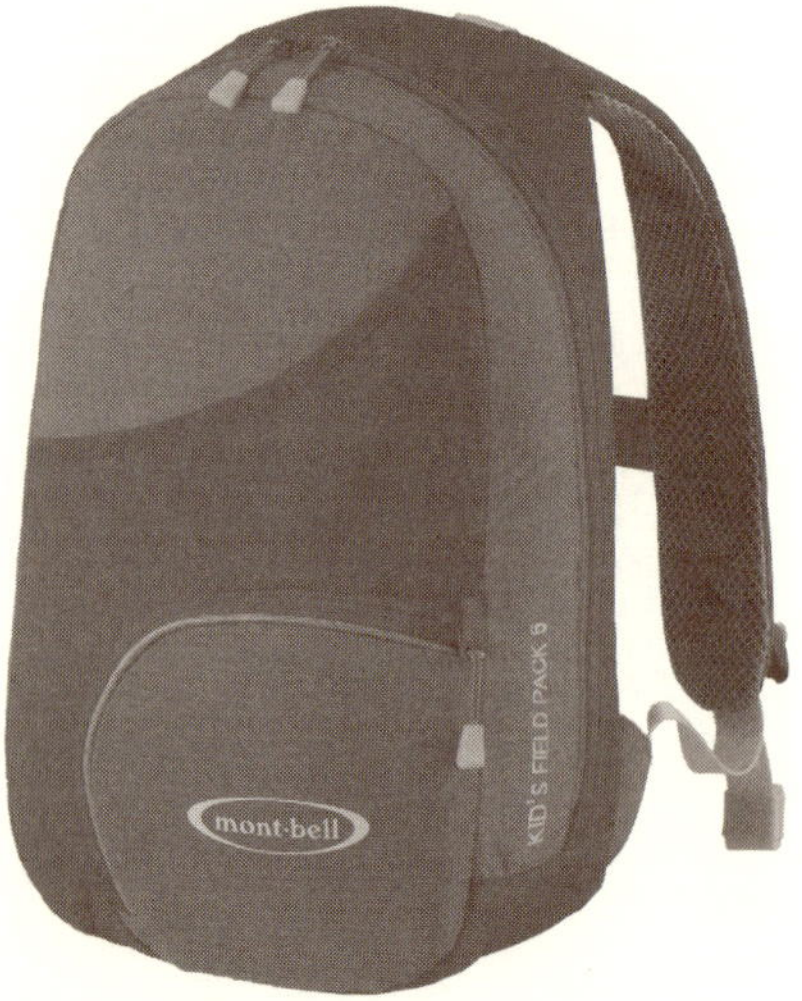

モンベル／キッズフィールドパック 6
軽くて背負いやすく、幼児にもおすすめのザックです。子どもでも使いやすい仕様のフロントポケットが付いているので、収納力にも優れています。日帰りハイキングから普段使いまで、汎用性の高いデイパックです。3600円＋税

ザックはしっかり背負って重心を上に。
モノをぶら下げるのはやめましょう

モンベル／グラナイトパック Kid's 10・20

本格仕様の子ども用トレッキングパックです。通気性・クッション性の高いメッシュ地のバックパネルや、体にぴったりと沿うS字型のショルダーベルト、パッド入りのウエストベルトを採用することで、快適な背負い心地を実現しています。5900円＋税（10L）、6700円＋税(20L)

ザ・ノース・フェイス/テルス20（キッズ）

背面パネルは汗をかいても蒸れにくいエアメッシュ構造。タテに大きく開くフロントポケットには浸水を軽減する撥水ジッパーを使用しています。使い勝手のよい20Lサイズ。9500円＋税

ザ・ノース・フェイス/スモールデイ(キッズ)

幼児や小学校低学年にぴったりの小ぶりなザックです。軽量で、ショルダーベルトもしっかり肩にフィット。容量は15Lで、アウトドアだけでなく日常使いもできます。6800円＋税

子どもの山道具　雨具（レインウェア）

〈真夏の富士山での出来事〉

初心者だろうとプロの登山家だろうと、どんな山でも絶対に携帯しておかなければならないアイテム、それが雨具です。

以前、真夏の富士山に登ったときのことです。下界の気温は三〇度以上ありましたが、その日は小雨まじりの深い霧に包まれ、八合目付近(標高三四〇〇メートル)はおそらく零度近くまで下がっていたはずです。登山道の溶岩の影にひとりの青年がうずくまっていました。若者は百円ショップで買ったようなビニール合羽を着ているだけで疲労こんぱいの様子です。

「どうしたの？ 大丈夫？」「寒くて、ちょっと休んでいるだけです」。若者はガタガタ震えていました。「あんた、そんな格好じゃ登れないよ。いますぐ下山しなきゃ」。すると若者は「友だちが先に行ったから、僕も登らないと」と言います。「友だちのことより自分の安全を考えなよ。そんな雨具じゃ、この雨と寒さには耐えられないよ。低体温症で死にたいの？ 少し休んだらすぐに下山をはじめて、近くの山小屋で休むんだよ」。

私が語気を強めると、若者はようやくうなずいてくれました。猫も杓子も登る夏の富士山に限った話ではありません。こうした装備の甘い、にわか登山者の姿は楽チンな低山ほど大勢見かけます。どんなに晴れた日でも、山では雨が降りやすいし、気温も下がるというのが〝山の常識〟です。望まない雨の中でも歩かなければならない場面は必ずめぐってきます。そのためにも、登山のためにつくられた雨具（レインウェア）を常に携帯する習慣をつけてください。

〈ふだん使いもできる防水透湿素材を〉

雨具選びの決め手は、「防水透湿素材」かどうかです。読んで字のごとく、外からの雨を防ぎ、内側からは汗など余分な湿気を外に出してくれます。とくに子どもは汗をたくさんかくので、こうした高機能素材を選ぶのがコツです。

代表的なものが「ゴアテックス」。この素材を使った雨具は大人用で一万円台後半から二万円台、さらに上質なものは数万円します。けれど、高品質な雨具ほど不快感も少なく、いざという場面で活躍してくれます。安物買いはしな

高品質な雨具は街でも活躍します

い方がお得です。いい雨具は防風・防寒着として利用範囲も広く、決して高い買い物ではありません。私の知っている親たちは、雨の日の保育園通いやお出かけにも使っています。

低山だけなら子どもにまでゴアテックス製は贅沢かも知れませんが、年間を通して利用するなら最低でも五〇〇〇円程度からの防水透湿素材雨具を基準に選んでほしいと思います。その際、上からはおるコートタイプは足もとが濡れてしまうので、上下が分かれたセパレートタイプを選ぶようにしてください。

子ども用雨具カタログ

モンベル／レイントレッカー Kid' s
高い防水透湿性を備えた3レイヤーの生地を使用しているため、裏面の肌離れもよく快適な着心地です。ジッパー部からの浸水を防ぐ機能を持たせ、子どもでも簡単に着こなせるよう隅々まで工夫しています。車のライトなどを反射して光るロゴやテープを配するなど安全面にも配慮。7900円＋税。サイズ：100/110/120

キャラバン/エアリファイン®
ライト・Jrレインスーツ
雨風から身を守る、優れた防水・透湿・防風性能を持っています。パンツの裾に脱ぎ履きを容易にするサイドファスナー付き。袖口は面ファスナーテープ付きカフス仕様でフィット感を高め、雨の浸入も防ぎます。8800円+税。サイズ：110/120/130/140/150/160

モンベル／クレッパーKid's
フードの調節コードを、枝などに引っ掛かりにくいようフード内部に設けるなど細かい工夫が施されています。前面胸部分と背面に反射マークとテープを配し、安全性にも配慮しました。防水透湿性素材使用。トレッキングから通学まで幅広く活躍します。6900円+税。サイズ：130/140/150/160

column

防災グッズにもなる登山用品

私はふだん山へ持ち歩いているものをザックに入れたまま、玄関に近い場所に置いています。地震などの災害時に、家族の誰かがそれを持ち出せば、何かしら役に立つはずです。ザックには雨具、コッヘル、バーナー、ガスカートリッジ、ヘッドライト、携帯電話の電池式充電器、予備の乾電池、細引きひも、手袋や携帯用食器、応急キットなどが入っています。冬なら小さく収納したダウンジャケットも入っていますし、場合によっては携帯ラジオやツェルト(簡易テント)も入っています。すぐれた登山用品は、そのまますぐれた防災グッズになるのです。

ウェア・その他

〈山のウェアは重ね着が基本〉

運動量の激しいトレッキングでは、子どもはかなりの汗をかきます。そのため、アンダーウエア（下着）には速乾性のある新素材（ポリエステル系素材）を選ぶのがコツです。コットン（綿）製は汗で濡れても乾きが悪く、身体を冷やす要因になります。その場合は必ず予備の着替えを持参し、汗をかいたら早めに着替えさせてください。

山のウェアは重ね着が基本です。暑ければ一枚脱ぎ、寒ければ一枚着るという組み合わせで上手に体温調整をするのです。もっとも、夏の天気が安定した低山なら、上半身は速乾性のあるTシャツ一枚でも気持ち良くすごせます。日焼けや虫刺され、ケガなどを考えると、夏でも長袖のほうが望ましいでしょう。

その他の季節、たとえば春秋は下着＋シャツが基本で、寒ければアウターとして雨具などを着込みます。冬は中間着として少し厚手のウエア類（フリース素材やダウンなど）が必要となります。パンツ（ズボン）はストレッチ性（伸縮性）の高いものをはくようにします。

きほんそうび

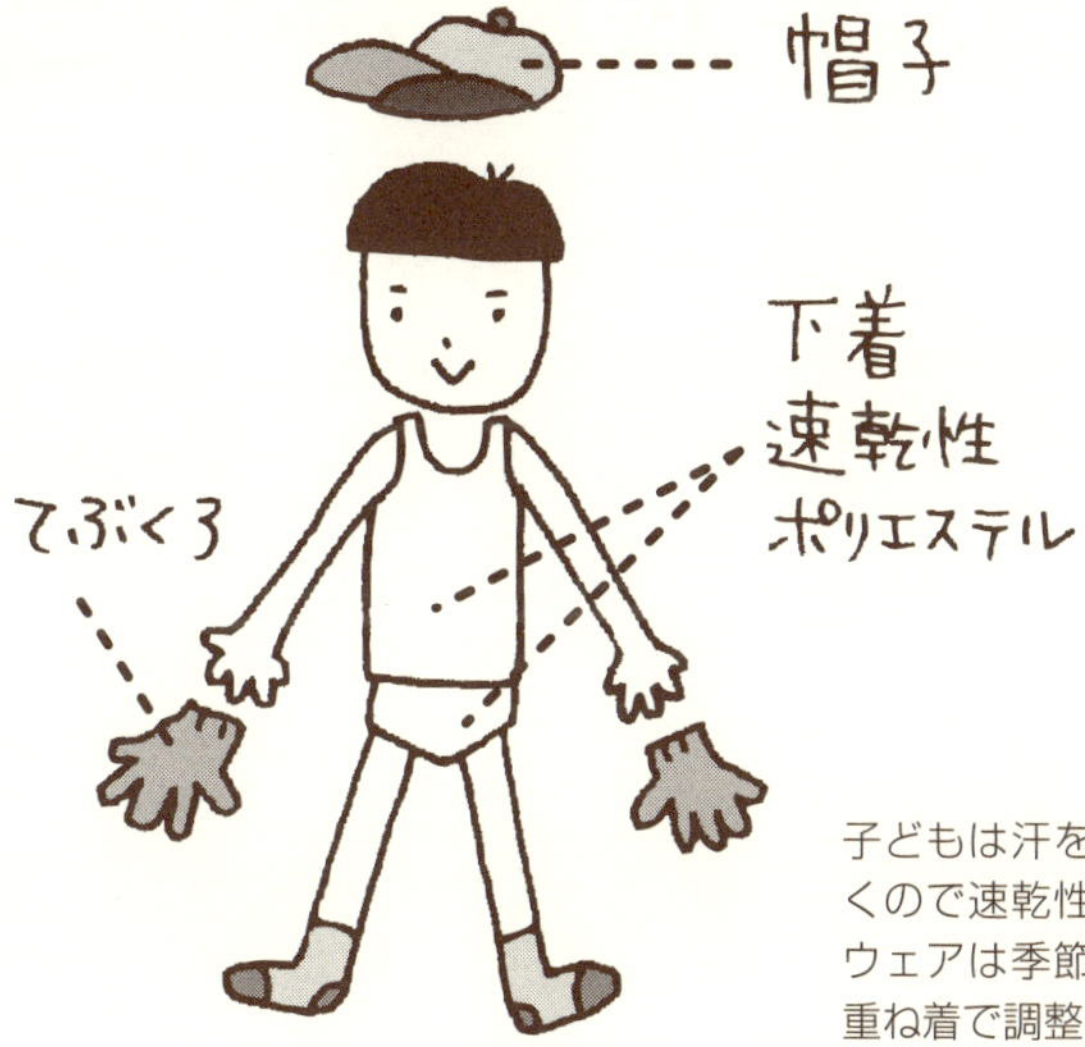

子どもは汗を大量にかくので速乾性の下着を。ウェアは季節によって重ね着で調整します

春・秋

夏

冬

〈山で役立つ、アイテムいろいろ〉

◎**帽子**……季節を問わず携行させたいアイテムです。肌の弱い子どもだからこそ、紫外線防止のために必ず帽子はかぶらせてください。UVカット機能があり、遮光性、遮熱性にすぐれたタイプが売られています。

◎**手袋**……子どもはよく枝木につかまったり、大きな石などに手をかけて登ります。また、転んだときのケガ予防にもなります。高価なものでなくとも、安い軍手でも十分に使えます。

◎**ウェットティッシュ**……山では自由に使える水道水はありません。子どもの手や顔の汚れおとし、トイレのあとにも役立ちます。

◎**ザックカバー**……突然の雨からザックを守り、内部の濡れを防いでくれるカバーです(最近は内部にカバーが収納されているザックもあります)。大き目のゴミ袋を一枚ザックのポケットに忍ばせておくと、ザックカバーを忘れたときに役立ちます。このほか、休憩時に地べたに敷くシートもあると便利です。

◎**レジ袋**……数枚持参しておくと重宝します。ゴミ袋としてはもちろんのこと、靴下など衣類を濡らしてしまったときや乗り物酔いをしたときなどに必要になります。

◎**折りたたみ傘**……雨の中を長時間歩く際、それが平坦な道で小雨程度なら、雨具を着ずに傘をさして歩く方が快適なこともあります。強めの雨でも風さえなければ、雨具を着て、さらに傘をさす方が不快感は少なく、身体の冷えも防げます。

ただし、まだ年齢が低い子どもの場合は、傘をさしながら山道を歩くのは視界が限定されてかえって危険です。子どもの傘使用は、ある程度の年齢になって山歩きの経験を積んでからにしましょう。

〈携帯電話は必携。電源はOFF〉

登山に必要なツールとして、携帯電話やスマートフォンは、近年その活用範囲が広がっています。緊急時の通信手段としてぜひ携行しましょう。

基本的に山は電波の届かないエリアが大半ですが、稜線や山頂付近など場所によってはつながる箇所があります。行き慣れた山なら、どのあ

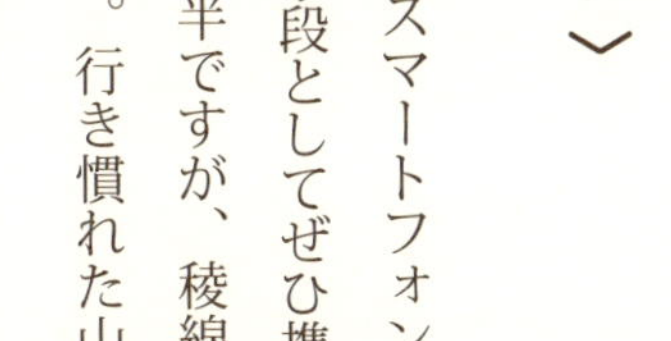

たりなら通信可能かをチェックし、覚えておくといいでしょう。

ただし、登山中は原則として電源を切っておくこと。携帯電話は常に電波をキャッチしようと稼働し続ける仕組みになっています。電車の移動でも電源を切っておくとさらに万全です。走っている電車の中では、より最適な基地局を求めて電波をひんぱんにキャッチしているので、バッテリーの消耗が著しいのです。これでは、いざというときに使い物になりません。

また、防水タイプでない場合は、濡れないようにしっかり収納しておくこと。冬季など気温の低い時期もバッテリーの消耗が早いので、電話機を冷やさない工夫も大切です。万一に備えて、携帯型充電器も必ず持参してください。

〈ファーストエイドキットを常備〉

のべ一万人の親子を率いてトレッキングをしてきた私ですが、子どもたちが大きな事故に一度も遭わずにすんでいることは本当にさいわいです。

それでも山歩きでは毎回尻もちをついたり、転んだ拍子に手足を擦りむく程度のケガはある程度覚悟しなければなりません。ほかにねんざ、打撲、骨折、転んだ場所が悪ければ出血も考えられます。

私のファーストエイド(応急用品)キットには、かつては消毒薬や化膿止め、痛み止めなどが常備されていましたが、最近はそれらをやめて、もっぱら止血や打撲・骨折に対応できる包帯、三角巾、テーピング類が中心です。

つまり、絆創膏を貼ってすむ程度のケガより、重大なケガにあったときの対処のほうを優先しています。

山では出血を止める、骨折・ねんざ箇所を固定する。このことのほうが大事です。

column

GPS付き携帯電話

最近の携帯電話やスマホはGPS機能付きです。万一遭難した場合、位置情報がオンになっていることを確認し、警察(一一〇番)へ通報することで、正確な緯度経度が相手にも伝わります。もっとも安易な利用や過信は禁物です。山では携帯が通じないエリアが圧倒的に多く、濡らして故障でもすればどうにもなりません。登山中は電源を切り、電池の消耗を防ぐこともお忘れなく。

親子トレッキング 装備リスト一覧
日帰り低山（無雪期）の場合

（注）一覧に掲げた装備品の重要度はあくまで参考例です。どれを選び、どれを除くかは、登山者の経験や技量で異なります。

◎…必ず装備・携行する
△…あると役立つもの・便利なもの
□…季節・山によって必要になるもの
×…子どもには不要なもの

	装備品	親	子
服装・靴	帽子	◎	◎
	アンダーウエア	◎	◎
	長袖シャツ	◎	◎
	フリース・セーター	□	□
	アウタージャケット（防寒・防風着）	◎	◎
	レインウエア	◎	◎
	パンツ（ズボン）	◎	◎
	ダウン	□	□
	手袋（予備含む）	◎	◎
	靴下（予備含む）	◎	◎
	登山靴	◎	◎
	靴ひも（予備）	◎	◎
	スパッツ	◎	◎
一般携行品	ザック	◎	◎
	ザックカバー	◎	◎
	水筒（飲料水）	◎	◎
	食料（おやつ含む）	◎	◎
	保温ボトル	□	□
	非常食	◎	◎
	ストック	△	×
	コンロ（バーナー、ストーブ）	△	×

一般携行品

装備品	親	子
クッカー（コッヘル）	△	×
ガスカートリッジ	△	×
食器類（箸、スプーン、フォーク含む）	△	△
ライター（マッチ）	△	×
ヘッドライト	◎	◎
予備電球・電池	◎	◎
サングラス	△	×
日焼け止め	□	□
虫よけスプレー	△	◎
雨傘（折り畳み式）	△	×
シート	◎	◎
時計	◎	△
携帯電話	◎	△
コンパス	△	×
登山地図	◎	×
ナイフ	◎	×
筆記用具	△	×
カメラ	△	×
ロールペーパー	◎	◎
救急用具	△	△
レジ袋	◎	◎
アルミ製レスキューシート	△	△
ホイッスル（笛）	△	△
熊除け鈴	△	△
携帯トイレ	△	△
健康保険証	◎	◎
ネックウォーマー	□	□

荷物の振り分け方とパッキング

実際に山の準備をするにあたり、親子それぞれのザックに持参する荷物の振り分けを決めます。子どもにも小さなザックを背負ってもらいますが、中身は子ども用のおやつ、飲み物、帽子、手袋、着替え用下着や靴下といった具合に、子どもの荷物を中心にパッキングします。これもある程度の年齢になれば、子ども自身にやらせてもかまいません。肝心なことは、子どもが自分でも中身の把握ができるモノに限定することです。使い道も分からないモノは入れないようにしてください。また、重い物、かさばる物は大人のザックで管理するようにします。

パッキングの基本は、衣類など軽いものは下部に、重量のあるものを上部に詰め、ザックの荷重を上に持っていくことです。理由は、重いものを上にする方が身体への負担が少なく、バランスよく背負えるからです。さらに、雨具など緊急時にすぐ取り出したいものはザックの上部に収め、小物類はしっかり開閉のできるザックのポケットなどに入れておきます。

ただし、こうした基本は、あくまでもそれなりの荷物を背負う大人の場合です。荷物が軽くて少ない子どものザックは、つぶれては困るもの以外はとくに神経質になる必要はありません。子どもでも中身を簡単に出し入れできるよう、詰め込みすぎないことだけ気をつけてください。

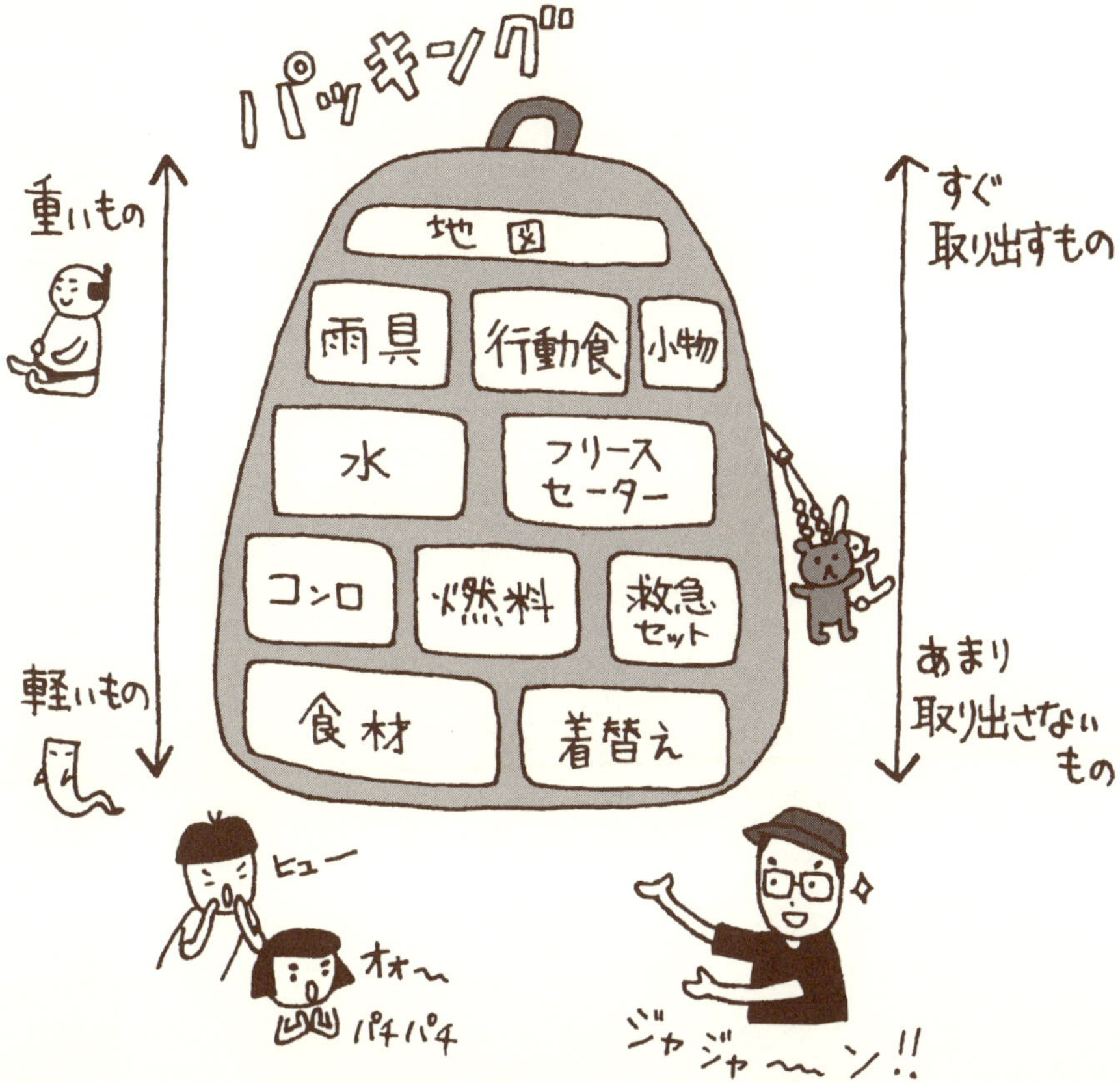

地図や雨具、行動食などはすぐに取り出せるよう、ザックの上部にしまっておきます

子連れの登山計画の立て方

〈標準コースタイム×一・五倍が目安〉

子どもと登る山が決まったら、実際のトレッキングを想定した計画づくりに取りかかりましょう。初心者はまずトレッキングの時間割をつくることをおすすめします。いわば、親子トレッキング流の自家製登山計画書です（※巻末に登山計画書の事例を掲載）。

まずは登山口から山頂までのコースタイムを調べます。コースタイムはガイドブックや登山地図に、主要区間ごとの時間が載っているのでそれを参照してください。ただし、これはあくまでも一般的な大人の足で、休憩時間を含まずに歩いた場合の時間です。途中の休憩時間や子どもと歩くペースを考慮した時間をプラスする必要があります。

私の経験上、それは最低でも一・五倍はみておく必要があります。

片道2時間のルートであれば、最低で3時間はみておきます

たとえば山頂までの片道が合計で二時間のコースタイムなら、片道三時間になる計算です。同様にして下山ルートのコースタイムも修正しておきます。

そうやって、トレッキングにかかる時間のプランが立ったら、そこから逆算してアクセスにかかる時間を調べます。登山口までバスを使う場合は、インターネットなどを使って最寄駅から出るバスの発車時間と到着時間を調べます。

こうして、当日の時間に沿ったスケジュールが見えてくればひと安心です。計画した時間割は紙に書き出して、当日も持参すると行動中の目安になります。実際に要した時間と計画との誤差は、次に同じ山に登るときのデータとして参考にもなります。

この自家製登山計画書に、時間割以外の所持品リストや自分たちなりの注意事項、交通機関の連絡先など、忘れては困ることなどをメモしておけばさらに完璧な計画書になります。いかがでしょうか？　紙切れ一枚の中に、山に向かうあなたと子どものやる気が満ちあふれてくるはずです。

コースタイム、スケジュール、所持品リストなどを書き込んでオリジナルの登山計画書をつくりましょう

子どもにもあらかじめ山の話を！

荷物の準備、ルートの設定もできたところで、もうひとつ、大事なお願いがあります。

それは、子どもにも登る山の話を事前にしておく、ということです。「ウチの子はまだ小さいから説明しても理解できない」と、いきなり山に連れ出すのは禁物です。

幼児や小学校低学年なら、「こんどの日曜日に、どこどこにある○○山というお山に登りに行くよ」と、その山の高さ、どれくらい歩くか、どんな楽しみがあるか……子どもが興味を覚えそうなことを、絵本を読み聞かせするようなつもりで話してあげてください。

たったそれだけのことでも、子どもは幼いなりにイメージをふくらませ、前向きに山にのぞむことができるのです。

3章　実践編

いざ、山へ！
上手な歩き方、休み方

歩き方の基本

〈絶対に谷側を歩かせない！〉

私が主催する親子山学校にやってくる親子に必ず説明することがあります。それは山の歩き方というよりも〝道のどこを歩くか〟です。

地形が山側と谷側に分かれている登山道では「絶対に谷側を歩かない」。どうしても歩かざるをえない場合は、山側に寄って歩くようにしてもらいます。

登山道は大きくふたつの形状にわかれています。ひとつは道幅も広く、傾斜の少ない地形につけられている場合。もうひとつは道幅も狭く、山腹を巻きながら、山肌を削るようにしてつけられている場合です。

子どもを連れたトレッキングでもっとも気をつけるべきなの

1人で歩くとき

必ず山側に寄って歩くようにします

が、後者の登山道です。道の谷側は、場合によってはするどい傾斜が数十メートルも続く箇所があります。その斜面に樹木がたくさん茂っているならまだ怖くはありませんが、これがなんの遮蔽物もなくゴツゴツとした岩が露出しているならどうでしょうか……考えるだけでぞっとします。

毎年、登山者の死亡事故の多くは滑落や転落が原因です。谷側の路肩は地盤がゆるんでいる場合が多いので、うかつに踏むと簡単に滑り落ちます。

登山道では、子どもは絶対に谷側を歩かせないこと。親子が並んで通過するときは、子どもは山側、親は谷側を歩くこと(もちろん親もできるだけ山側に寄って歩きます)。

たったこれだけのことですが、それをしっかり意識するだけで山を安全に歩くことの大半が達成できるのです。私がのべ一万人の親子と山登りをしてきて、保険の適用を受けるような事故をいちども起こさずにすんだのは、「山側と谷側のルール」を守ってくれた親子がいたからだと確信しています。

並んで歩くとき

子どもを山側にして並んで歩きます

〈登りは子どもを前に、下りは後ろに〉

山を登ったり下ったりするときは、親子はどのような位置関係がよいのでしょうか。

まず、急な登りであれば、子どもに前を歩かせて、親はその後ろからサポートします。

傾斜がきつくなると、子どもも自然に上半身が「くの字」になり、その姿勢でいる限りは転ぶことはめったに起きません。しかし万一、足を滑らせたり、バランスを崩した場合、親が後ろにいれば受け止めることができます。これが逆だと、なにか起きても瞬時に対応できません。

岩場など大きな段差のある場所でも同様です。親子で手をつなぐことはいったん中断して、まず子どもだけ登らせ、親はやはり後ろから登っていくようにします。

一方、急な下り坂では、こんどは親が一、二歩先行し、子どもはその後ろをついて来させます。

下りのとき

下りでは少し前を歩きます

登りのとき

登りでは親が後ろからサポート

もしも道幅が広ければ、子どもと手をつないだまま親が一歩先行します。手をつないだ状態なので、子どものペースを尊重し、慌てずに一歩一歩慎重にすすみます。ときどき後ろを振り返って声をかけ、子どもを安心させることも忘れずに。

段差の大きな場所では、子どもを抱きかかえることも必要になります。ただし、それは足場が安定していることが前提です。不安定な場所では決して無理な体勢をとらないようにしてください。

二人以上の子どもと歩く場合は、小さな子から先に親がサポートし、次に上の子を誘導するようにします。

なお、グループ登山などでよく見られるのですが、何人もが切れ目なく「数珠《じゅず》つなぎ」になって登り下りするのはとても危険です。ひとりが転倒した場合、それをきっかけに将棋倒しになる可能性があるからです。子どもが連れだって歩くと前後がつまりがちになりますが、必ず二メートル程度の間隔をあけるようにしてください。

グループ登山のとき

必ず2m程度の間隔をあけます

「数珠つなぎ」にならないこと

〈〝スベラナイ歩き方〟を身につける〉

私が主宰する親子山学校では、子どもたちに〝スベラナイ歩き方〟を伝授します。といっても、いたって簡単です。濡れた木の根っこを絶対に踏まない、ということです。

雨上がりの登山道で、露出した根っこに足を乗せてみれば、小さな子どもでもすぐに納得してくれます。「あっ!」という間もなく横滑りして転倒するからです。

もちろん、これは大人でも同じです。横滑りの転倒は両足を完全にすくわれてしまうため、つまづきとは比べようがないほど受ける衝撃が強く、場合によっては重度の打撲や骨折につながります。

このほか、薄いコケにおおわれている石や、丸太や木でつくられた橋も、濡れていると非常に滑りやすく、要注意です。

木の根っこは踏まないこと

〈石ころひとつ動かさない歩き方〉

元気な男の子たちによく見られることですが、下り坂でドカドカと足音を立てて歩く子どもがいます。それがあまり長く続くと、私は呼び止めてこう注意をします。

「本当の山歩きの達人はね、足元の石ころひとつ、落ち葉一枚動かさないくらい静かにやさしく歩ける人なんだ。そのほうが疲れないし、第一自然にもやさしいでしょ?」

この話の元ネタは登山家の田部井淳子さんです。田部井さんは女性登山家として世界で最初にエベレストや七大陸最高峰に登頂されました。そんな輝かしい登山歴を持つ方が、雑誌か何かで「石ころひとつ動かさないのが山歩きの達人」と書かれていたことに強く共感したのです。

静かにやさしく歩くことは、まずは余計な疲労を生みません。転ばない歩き方にもつながります。そしてなにより、足元の大地から伝わってくる感触、木々を揺らす風音、野鳥のさえずり、お日さまの匂いさえも感じとることができるのです。石ころひとつ動かさない歩き方を、子どもが小さなうちから、ぜひ身につけさせたいものです。

〈ブレずに歩く子は転ばない〉

山で子どもたちを数多く見てきた経験から、気づいたことがあります。登

山では走らないこと。静かに歩く方が疲れません

り・下り関係なく安心して見ていられる子と、どうも危なっかしい子がいるのです。

これはたとえ年齢が同じでも個人差が大きいようです。とくに下りで差がはっきり出るのですが、安心して見ていられる子どもは足もとから頭まで、カラダの軸がしなやかに伸びています。頭の位置が常に同じで、身体が滑らかに移動しているのです。つまり上半身がブレず、下半身がしっかりと安定しています。こういう子は、めったなことでは転びません。少々の悪路でも瞬時に足場を決め、バランスよく移動していけます。

一方、危なっかしい子どもは上半身が終始揺れ、頭もぐらついています。思うように足場が決められず、ちょっとした場面でも躊躇しがちです。

ブレない歩き方を身につけるには、とにかくふだんからよく歩き、下半身を安定させるほかありません。もしひとつアドバイスを付け加えるとすれば、「段差が小さく、平らなステップを選んで歩きなさい」ということです。

そうやって最適なラインを見つけて歩くことで、子どもたちも複雑な山道をスムーズに歩けるようになります。やみくもに歩くのではなく、次にどこに足を置くか、ちょっと考えながら歩くことで安定感を増すのです。

上半身がブレない子は転びません

〈岩場での身体の使い方〉

登山道が整備された低山でも、場所によっては岩や大きめの石が連続する箇所があります。子どもと岩場を通過する際は極力平らな足場を選び、登りは子どもを前に、下りは親が前になってゆっくりと移動してください。

こうした場面では子どものおふざけは禁物です。「ここはちょっと口を閉じて、緊張しよう」「足元をよく見て落ち着いて歩けば大丈夫だよ」などと声をかけながら通過します。岩から岩へ飛び移るような真似も危険です。

大人ならなんでもない岩でも、小さな子どもの場合、手足を使ってよじ登る場面がでてきます。このとき重要なのが「三点確保」です。

これは両手両足の四点のうち、いずれか三点で身体を支えて(確保して)おきながら、残りの一点(手、足のどちらか)で次の支点となる確実な手がかり、または足場を探り、四点で身体を引き上げる技術のことです。

ポイントは最初の三点を安定させ、岩に身体を密着させすぎないことです。岩にしがみつくと逆に不安定な体勢となり、かえって子どもが怖気づいてしまうので注意してあげてください。

岩場では怖がってしがみつくと逆に危険。「三点確保」しながら落ち着いて登ります

〈雨の日の歩き方〉

雨具を着ると、衣類の内部に熱がこもり、汗をかきやすくなります。濡れた木の根っこや滑りやすそうな場所を避けながら、焦らずにゆっくりとしたペースで歩くよう心がけましょう。

雨の日は山の中の照度（明るさ）は落ちてきます。霧が発生すれば視界はますます悪くなるし、時間感覚や距離感もくるってくる場合があるのでふだん以上の冷静さが必要です。

もっとも、こうした雨のトレッキングも悪いことばかりではありません。いつもと同じ場所でも風景が違って見えてきます。五感も自然に研ぎ澄まされてきますから、いつもは感じない山の匂い、音、色彩にも敏感になれます。雨具の上にポツポツと感じる雨のリズムも心地よく、こんなときこそ子どもと手をつないで親子でトレッキングを楽しんでほしいものです。

ただし、風雨が強くなってきた場合は無理をせずにルートを短縮するか、早めの下山を心がけましょう。

雨の日は時間・距離感覚がくるいがち。より冷静な山歩きを

column

子どもにストックは必要？

登山用具の一つにストック（ポールとも呼びます）があります。身体のバランスを保持したり、足や膝への負担を軽減する役目がありますが、子どもに持たせるといつのまにか遊び道具になってしまいがちです。

使い方を誤り、転倒などの危険が増すだけなので、使うとしたら大人だけにしてください。ただし、急峻な個所や岩場やクサリ場など、両手をフリーにしておかなければならない場所では当然使わないこと。

親子山学校では、親も子も原則ストックは使わせません。

歩き方ができていない子どもや山の初心者が最初からストックに頼ると、本来の正しい歩き方が身につかないからです。ストックに頼らず、両足でバランス良く歩けることのほうがはるかに大切です。

グループ登山のコツ

〈大人が子どもを挟んで歩く〉

グループ登山の場合、一般的には足が遅く体力のない者を先頭にするのが基本です。しかし、複数の子どもが混ざったときは、その基本通りにはなかなかいきません。年齢の低い子や身体の小さな子はどうしても遅れがちになるため、最初は先頭を歩かせていてもだんだん後ろに下がってきます。また、体力のある元気な子どもでも、先頭を歩いていたかと思うと後ろに下がってみたり、そのときの気分で列を前後します。

そのため、子どものいるグループ登山では、大人が子どもたちを前後に挟むようにして歩きます。先頭に立つ大人はその日のルートをよく知る人で、仲間や子どもたちの力量を見て、ペースメーカーとしてゆっくりと歩くように心がけてください。

先頭と最後尾は大人が付きます。とくに最後尾は経験豊富で子どもたちと仲良くなれる人が適任です

最後尾も必ず大人がついて、遅れる子どもをサポートします。

〈分岐点では必ず声をかけ合う〉

グループ登山では、足並みをそろえて歩いていても、長い道中には必ず前後の間隔が開いてしまいます。ひと組の親子だけが、あるいは子どもだけが仲間から離れた状態で歩くときは要注意です。ルート上に分岐があった場合、目的地へは右に曲がらなくてはいけないのに、孤立して歩いてきた親子はそのまま直進する可能性があります。

前後の間隔があまりに開いたときは大人同士で声をかけ合い、先頭グループに立ち止まってもらいましょう。また、分岐点では後方が近づくまで待ち、「この分岐を右に曲がるよ」と声をかけます。それを聞いた人は、また次にやってくる仲間に同様の指示を伝えるようにします。

分岐では後ろに必ずひと声かけます

上手な休憩の取り方

〈疲れたから休む、は間違い〉

トレッキング中は、適切な休憩をとることが大切です。ただし、子どもが「疲れた〜」と言うたびに休んでいては、歩くペースができず、体力も根気も養えません。体調や機嫌がよほどすぐれない場合を除いて、すぐに休むクセはつけない方がいいのです。

先にも書いたように、私が主宰している親子山学校では、山がはじめての親子にも「一時間歩けるチカラ」をつけてもらうため、長い距離を休まずゆっくりと歩いてもらいます。「うちの子どもは根気がないから、最初から一時間は無理」というなら、三〇分からはじめてみてください。三〇分歩けたならつぎに四〇分、五〇分と時間を伸ばし、持久力や脚力を徐々に高めていきます。

休憩時間も最初は一〇分からはじめ、やがて五分ですむように

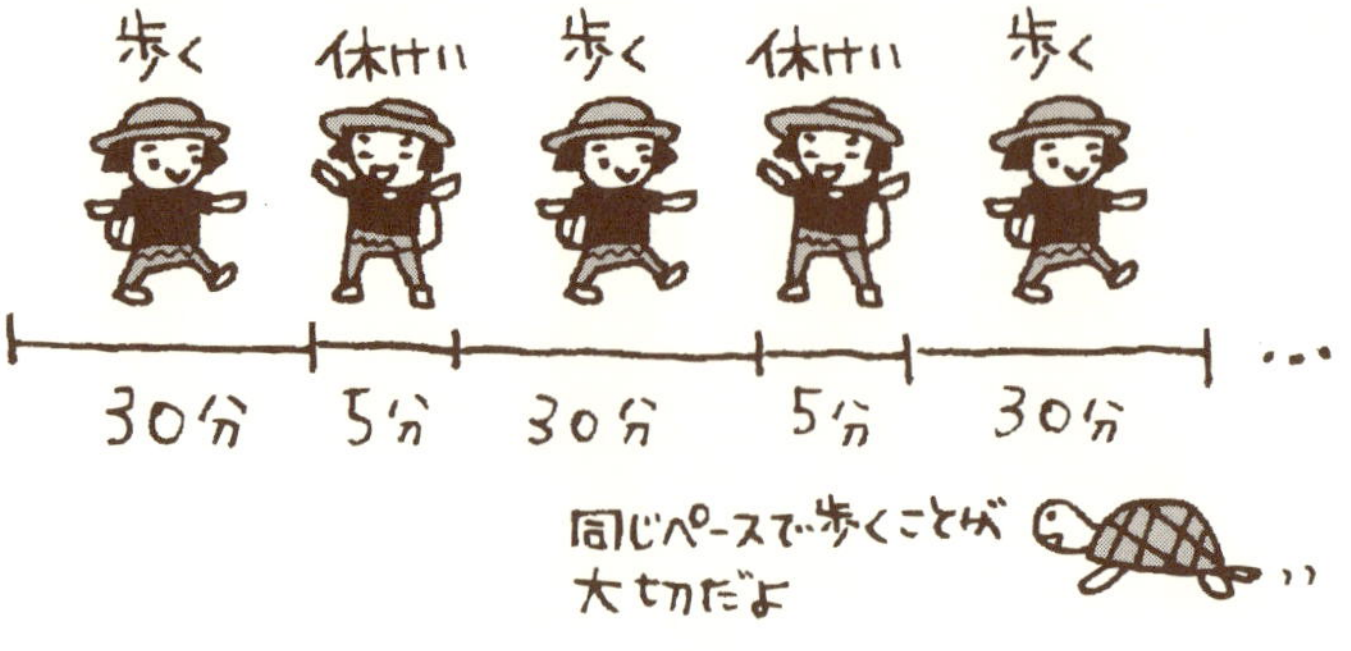

なることをめざします。そうやって「一時間歩けるチカラ」がつくと、その後の山登りの大きな自信になるのです。

ただし、歩行時間と休憩時間の配分はあくまでも目安。何が何でもそうしなければいけないわけではありません。景色のよい場所に来たら、予定になくてもちょっと立ち止まって一休み。景色から力をもらい、また元気に歩けばいいのです。

〈のどが渇く前に水を飲ませる〉

水分や塩分不足になると、熱中症や脱水症状を招きやすくなり、疲労や筋肉がつる原因にもなります。その場合、のどが乾いたからといってあわてて飲んでも即効性はありません。トレッキングのときは、たとえのどが乾いてなくても、こまめに水分と塩分を補給をするのが鉄則です。最近ではザックに入れた水筒からチューブを通し、歩きながらでも水分補給ができる便利な道具もあります。

水は親子でそれぞれ一リットルはあったほうが安心です。子どものザックに一リットル（＝一キ

column

寒く感じたらすぐに上着を

気温が低くなると、立ち止まって休んでいると汗が冷え、身体を冷やしてます。ちょっとでも寒いと感じたら、すぐに上着を一枚羽織ってください。寒い季節に長い時間休むのはせっかく温まった心臓や筋肉を冷やし、かえって疲労を招くことにもなります。

ログラム）の水はかなり重いので、五〇〇ミリリットルのボトル二本に分けて、一本は子どもに、もう一本は大人のザックにしまっておきます。

水分補給するのは、お茶やスポーツ飲料からでもかまわないのですが、水は飲料としてだけではなく、手を汚して洗いたいときや、ちょっとしたケガをして傷口を洗いたいときになどにも役立つのでおすすめです。

のどが乾く前に飲む！

〈「おしっこ！　うんち！」の対処法〉

息子が四歳から小学校の低学年までは、山に行くと突然「うんち！」と言って私をあわてさせる場面がしばしばありました。

ルート上にトイレがあるかをチェックし、そこですませられればよいのですが、子どもの場合はなかなかそう都合よくもいきません。どうしても野外で用を足す場合、おしっこにしろうんちにしろ、登山道から五～一〇メートル離れた傾斜の少ない場所を探してすませます。子どもだからといって道のすぐ脇は感心しません。沢沿いなど水場の近くでするときも、流れから十分に離れた所で。

決して子どもだけで行かせず、必ず親が付いて行き、安全確認をしてください。

うんちの場合は、地面に軽く穴を掘り、すませたらや土や葉っぱをかけ、あとは微生物と雨の力で分解してもらう以外に手はありません。

このとき、使ったペーパーはできれば持ち帰ってください。山のトイレで一番配慮すべきは、自然に負荷をかけないことです。レジ袋に入れて丸めればコンパクトになります。袋を二重、三重にすれば不衛生ということもありません。中にはうんちも持ち帰りなさいと言う意見もありますが、あまり現実性のない提案という気がします。

おしっこだけなら、いまはコンパクトで比較的安価な「携帯トイレ」も市販されています。要は紙オムツと同じ原理のものです。

●トイレキット
吸水ポリマーでおしっこ・うんちを凝固させます。写真はモンベル／O.D.トイレキット239円＋税

〈子どもがバテてしまったら……〉

「バテる」とは、スタミナが切れて、筋肉に力が伝わらず、心拍数が上がった状態を言います。その場合、炭水化物の摂取が効果的です。ひと休みしておむすびなど腹持ちのよい炭水化物を食べさ

せてください。チョコレートなどの糖類も炭水化物ですが、そうしたお菓子には即効性はありますが持続力を促す力はありません。

水分や塩分不足でもバテるので、それぞれの補給も忘れずに。夏の暑い季節は、ペットボトルを冷凍庫で凍らせておくと半日は冷たい水が飲めます。それを首筋などにしばらく当ててあげれば、ほてった身体を静めて、熱中症などの予防にも効果があります。

炭水化物をとれば元気100倍！

〈熱中症かも、と思ったら……〉

もし熱中症が疑われるような様子だったら、絶対に無理はさせないでください。すぐに風通しのよい涼しい日陰に腰を下ろさせます。場合によっては横にして、首筋や脇の下、腕や足など熱を持った患部を十分に冷やしてあげてください。やはりこのとき、冷凍庫で凍らせたペットボトルがあると氷のうの代わりに使えて便利です。

吐き気がある場合は、仰向けにすると吐瀉物で気管をつまらせる危険があるので、必ず身体を横向きにして気道を確保します。回復してもそれ以上のトレッキングはあきらめて、すぐに下山させてください。

山のトラブル

〈もしも迷ってしまったら……〉

トレッキングの途中で「おかしいな」と感じたら、すぐに立ち止まって登山地図を広げ、歩いてきたルートを落ち着いて確認します。

分岐を見落としていないか？　紛らわしい道に踏み込んでいないか？　登山地図でも判断がつかないなら〝確実にわかる場所〟まで面倒がらずに引き返してください。確実にわかる場所とは、指導票などはっきりとした目印がある地点のことです。

私なども、この手のちょっとした道迷いは毎年一回は経験しています。それも高山ではなく低山で。じつは人が多く入る低山の方が、紛らわしい道があちこちにあるのです。山仕事をする人たちが使う作業道、通行不能になった廃道、イノシシなどが通るけもの道。引き返してみれば「なんだ、こんなところを見落としていたのか」といったような、単純なミスが

不安になったらすぐに地図を広げて確認

ほとんどなのです。

　下りの途中で迷った場合は、道を引き返すのはおっくうに感じるかもしれません。しかし、それでもやはり引き返す方が絶対に安全です。尾根や稜線に上がれば、正規の登山道を見つけられる可能性は高く、また携帯電話の電波もキャッチしやすくなります。太陽が高ければ周囲の状況を確認することもできます。

　一方、そのまま谷を下っても、それが人里へ通じている可能性は低く、周囲も余計暗くなって深刻な状態に陥るだけです。

「迷ったら戻る、迷ったら登る」。これが山の鉄則です。その際、焦りは禁物。転倒・滑落などの事故にもつながりやすくなります。慌てず、落ち着いて行動します。

　電話連絡が可能な場合は一一〇番（警察署）か一一九番（消防署）に連絡しますが、正式な救助要請とみなされると、捜索隊やヘリコプターなどの動員に応じ、後に最大何百万

column

エマージェンシー・ホイッスル

　トレッキングのとき、私はいつも笛を携行しています。助けを求める緊急時に「エマージェンシー・ホイッスル」として使うためです。強く長く一度吹いたら、一〇秒ほど待ってからまた吹きます。間隔を空けるのは笛の音に気づいてくれる登山者などからの応答を聞き取るためです。

迷ったら戻ろう！

迷ったら、はっきりとした目印のある場所（指導線）まで引き返します

迷ったら登ろう！

谷を下りても余計に迷い込む可能性が大。それより尾根に上がる方が見晴らしがよく、携帯の電波もキャッチできます

円という支払いが待っています。もちろん命には代えられないことですが、そうした場合にそなえて山岳保険に加入しておくのも安心材料のひとつです（P.88参照）。

なお、万一、登山道が見つからず、日没が迫ったら行動をやめ、風雨を避けられそうな足元の乾いた場所でビバークします。ビバークとは緊急露営のことです。ありったけの衣類を着て、最後に上下の雨具を着ます。山では夜中よりも日の出の前後がもっとも冷え込みます。低体温症にならないようにその時間帯を耐えしのぎ、体力を温存して、太陽が昇ってから再び尾根上をめざしてください。

〈急なカミナリが発生したら……〉

カミナリは積乱雲が発生する夏のものというイメージがありますが、秋や冬でも発生します。

このとき広い稜線の上にいるのは危険です。すぐに近くにある山小屋などの建物内に避難するか、なければ木々が生い茂っている樹林帯に逃げ込みます。

その際、高い樹木の真下に入ると、木が落雷したときに人間も

カミナリが発生したら木の真下には入らないこと。3メートルほど離れた場所で姿勢を低くして雨雲が通り過ぎるのを待ちます

被害を受けます。まわりに木しかない場所では、木の梢（先端）から四五度の位置で、枝から三メートルほど離れた場所で姿勢を低くして遠ざかるのを待つようにしてください（イラスト参照）。このとき、傘、ストックはもちろん、身につけている金属類はすべて身体から外します。

夏場は、下界は晴れていても山では雷雨ということもよくあります。雨の程度によっては沢もいっきに増水するので沢筋には絶対に近づかず、集中豪雨のあとはすみやかに下山するか安全な建物（山小屋、避難小屋など）に避難するようにしてください。

〈もしも高山病になったら……〉

体内で酸素が不足すると発症する高山病は、標高一〇〇〇メートル程度の低山ではまず考えられませんが、標高二〇〇〇メートルくらいになってくると要注意です。頭痛、めまい、吐き気などに襲われ、踏ん張りもきかなくなり、気力も減退します。そうした症状を感じたら、標高を下げるのが一番です。山小屋などで休む場合は、横になるより、壁などに寄りかかって足を投げ出して座り、下半身を暖かくしておくと回復が早いとされています。

高山病になったらすぐに下山を。山小屋で休む場合は壁に寄りかかり下半身を緩める

column

山岳保険に入ろう

山岳保険には熟達した登山者向けのものから、個人や家族のハイキングに応じるものまでさまざまなタイプが用意されています。低山であってもなるべく入っていたほうが安心です。私が主宰している親子山学校でも、参加する親子全員に一年間ごとの保険に加入してもらっています。

日本山岳協会の軽登山コース

保険の一例

日本山岳協会・山岳共済会に入会し（年会費一〇〇〇円、高校生および一八歳未満は五〇〇円）、山岳共済会の団体傷害保険の「軽登山コース」に加入します。ロープ、アイゼン、ピッケルを使用しない場合の事故に対して補償されます。年間保険料は二一四〇円と五四七〇円の二タイプ。

日本山岳協会

http://www.jma-sangaku.or.jp/

モンベルの「野あそび保険」「野外活動保険」

アウトドアメーカー・モンベルがはじめた保険で、「野あそび保険」は一泊二日から六泊七日までのトレッキング、ハイキングなどアウトドアスポーツに有効。保険料も二五〇円〜五〇〇円と手頃です。「野外活動保険」は年間を通してトレッキング、ハイキングなどに親しむ場合におすすめです。保険料は三一一〇円〜。

http://hoken.montbell.jp/

地図の見方

〈方角・地形・太陽の位置も確認〉

初めて登る山、久しぶりに登る山では、要所ごとに登山地図を広げて、正しいルートを歩いているか確認するのが基本です。その際、方角や地形も意識してください。北側に向かう道だから日当たりが悪くて肌寒いだろう。でも、地形は平坦な尾根だから比較的視界はいいかも……そんな予測ができます。逆に樹林に覆われた尾根を北へ向かうなら、視界は望めないけれど森の中の涼しい歩きができるかな、という具合に山の特徴がつかめるようになります。

太陽の位置を確認することでも情報が得られます。たとえば道が東から西へと伸びているなら、基本的には太陽を追って歩くことになるため、最後まで明るいトレッキングが楽しめそう

ルートを確認するだけでなく、地形や太陽の位置などもチェックします

だと予測できます。また、展望のきく登山道なら、太陽の位置を見れば到着まで時間の余裕があとどれくらいあるかも予測できます。登山地図を広げるときはルートだけではなく、同時に地形や気象条件も合わせて確認すると、地図を読む力がアップし、より安全な山歩きができるようになります。

〈地形図とコンパスを活用する〉

一般的な低山であれば、私は出版社が発行する登山地図の使用で十分だと考えますが、今後ステップアップを考えるのであれば、コンパス(方位磁石)と地形図(国土地理院発行二万五千分の一地図)を使ったトレッキングにチャレンジしてみるのもいいでしょう。

ただし、本格的な操作方法を身につけるにはかなりの技術がいります。本書では手はじめに初心者でもできる

column

地図は必ず最新のものを

メジャーな低山であれば出版社から登山地図が出されているはずです。その際、地図は最新のものを買い求めて下さい。「登山道なんて変わったり、なくなったりするものじゃないでしょ?」という考えは誤りです。台風や大雨があれば山道は寸断され、廃道になる場合があります。また、分岐点の指導票も風化してなくなっていることがあります。そうした情報は最新の登山地図でさえ掲載されていないものです。

やり方だけを紹介しておきます。

方法はいたって簡単です。まず、コンパスを取り出して水平を保ちます。このとき自分の身体はどの向きでもかまいません。コンパスの赤い針(磁針)が北を示したら、身体をそちらに向け、そのまま地図を広げます。すると、地図は北が上ですから、自分の向きから見える地形(風景)と広げた地図の記載内容は一致したことになります。

これによって、自分の居場所や進む方向の手がかりが得られるわけです。慣れればわざわざ身体を北に向けずとも地図を判読できるようになります。こうすることで遠くに見える山々の名前を登山地図で確認することもできます(山座同定と呼びます)。

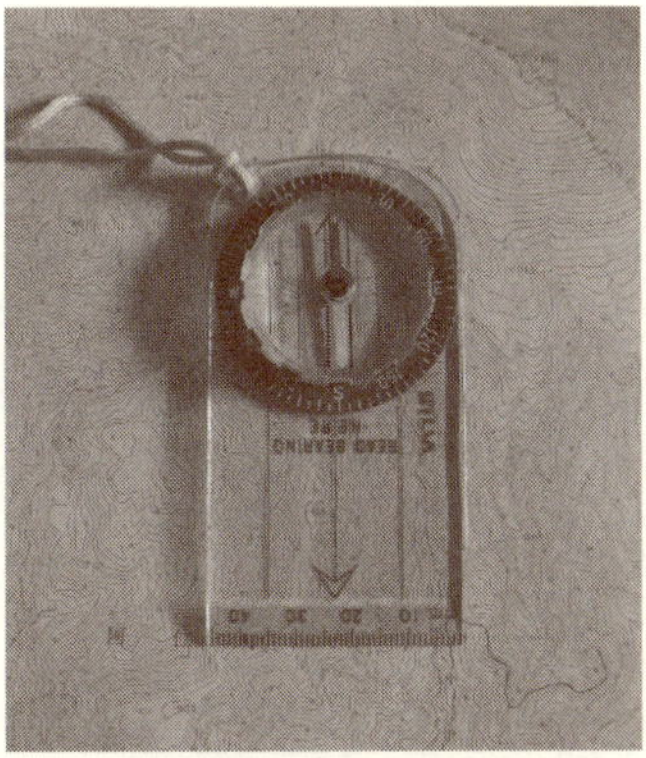
コンパスの北と地図の北を合わせて確認します

〈磁北線について〉

地形図であれ登山地図であれ、地図は北を上にして作成されています。地図上の北は北極点を向き、これを「真北」と呼びます。一方のコンパスが指すのは「磁北」と呼び、真北とは少しだけズレています。このズレが「偏差」です。

地形図や登山地図には偏差の数値が記載されています。たとえば、昭文社『山と高原地図』の『高尾・陣馬』を広げてみると、東西南北を表す方位図のそばに「7°00′」の表記があり、「方位磁針はこの地図では真北より約7°00′西（左）に傾きます」と書かれています。つまり、真北より七度左に傾けた方位が現実の北（磁北）というわけです。

偏差は東京であれば西寄りに七度ですが、北海道なら九度、沖縄なら五度などと地域によって違います。地形図（登山地図）で正しい現在地や目的の方角を知るには、この偏差を手がかりにあらかじめ地図に磁北を示す「磁北線」を引いておかなければならず（イラスト参照）、その作業にもコンパスを使います。

そうした専門的なコンパスと地図の使い方は、より細かい説明が必要になるので、本格的に学びたい人は「読図」（地図を読むこと）の専門講習を受けるなどして、正しい知識と技術を身につけてください。余談ながら『山と高原地図』にマス目状にうっすらと引かれている線は磁北線ではなく、「経度線・緯度線」ですので、お間違えないように。

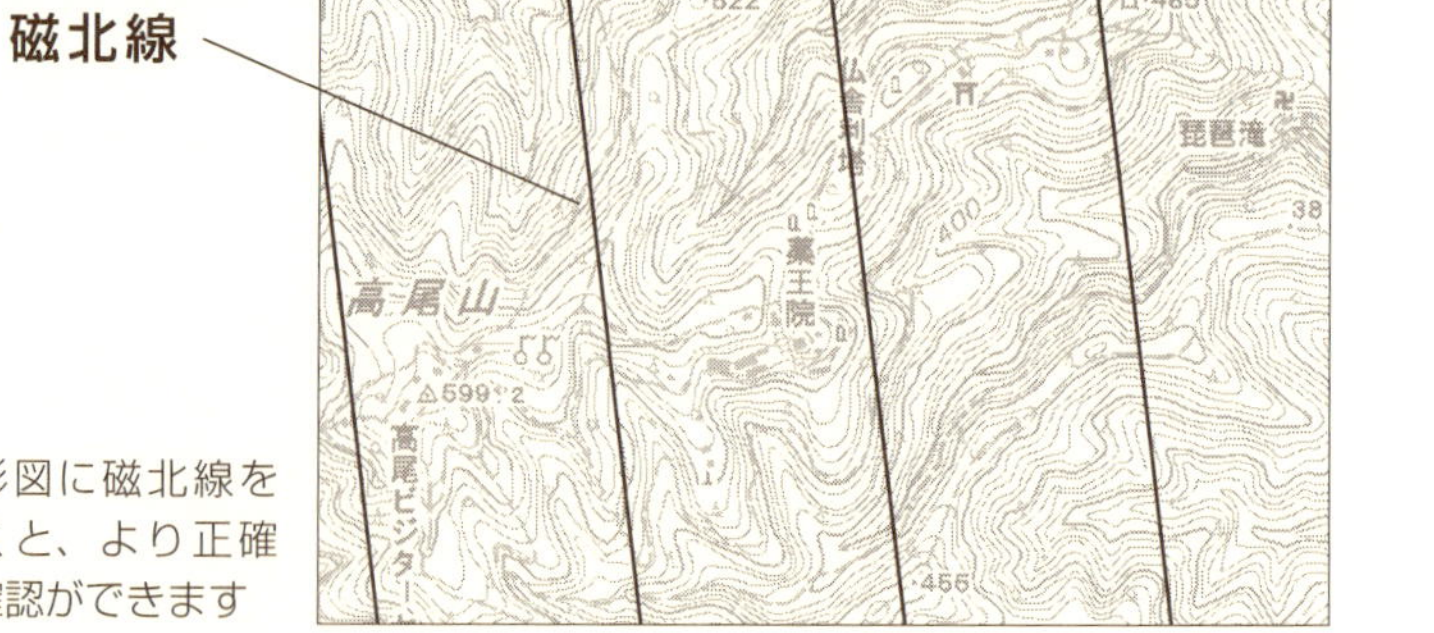

地形図に磁北線を引くと、より正確な確認ができます

絶対に山でやってはいけないこと

〈子どもの単独行動はダメ！〉

トレッキング中は地図を参考に、分岐点や指導票をチェックすることが鉄則です。しかし、私でもたまに見落として道を間違えます。なぜ見落としてしまうのか。原因は簡単です。おしゃべりに夢中になっていたか、考えごとをして漫然と歩いていたかです。とくにおしゃべりに夢中になると、足元や周囲への注意力は格段に低下します。トレッキングで子どもと歩きながらする会話は楽しいのですが、親は常に周囲に注意を払う冷静さが必要です。

そしてもうひとつ、絶対にしてはいけないことがあります。それは、子どもの単独行動は絶対にさせないということです。

二〇〇九年、宮崎・鹿児島の県境にある韓国岳に、家族登山をしていた少年(当時小五)が行方不明になりました。その日は紅葉真っ盛り

おしゃべりに夢中になりすぎると…

子どもだけを先に行かせるのは絶対にしてはいけないことです

の好天で、登山客も多かったそうです。彼は二合目から「先に行くね」と言って、ひとりで登って行きましたが、家族が山頂に着いても少年の姿がなかったため、遭難と判断されました。翌日から大がかりな捜索活動がおこなわれ、捜索二日目、八合目付近で亡くなっているのが発見されました。

少年と家族がどんな登山経験を積んでいたのかはわかりませんが、二合目から子どもを一人で行かせたことは、ご家族にとっては悔やんでも悔やみきれない判断となりました。

また、同じ年には山形県の蔵王仙人沢でも、六歳の子どもが滑落死する事故が起きました。これも子どもだけ先に歩かせたことが原因です。

よほど歩きなれた山道でない限り、子どもを先に行かせることは絶対にやめてください。子どもを守るのは親や周りにいる大人の役目です。親子である程度山に慣れたとしても決して過信せず、子どもは常に親の視界の届く範囲を歩かせるようにしてください。

枝を振り回さない

転がっている枝を杖として使うのはいいのですが、これを振り回したり、周囲の草木を叩くときは注意してあげてください。低い草木の下には蜂の巣があり、襲われる危険もあります

登山道から外れて歩かない

単調なジグザクの登山道が続くと、ショートカットして歩く子どもがいます。大勢の登山者が歩く道は、ただでさえ地表が侵食され、植生もそこなわれています。必ず登山道を歩かせるようにしてください

石ころを蹴飛ばさない

子どもの石蹴りは微笑ましいものですが、山では大事故を招く原因に。蹴った石が転がり落ちると、それが大きな落石の呼び水となり、ほかの登山者にケガをさせる場合があります

植物を摘まない

山には季節ごとに可憐な野花が咲き、つい摘み取って持ち帰りたくなりますが、花たちは過酷な環境の中で懸命に生きているのです。〝とっていいのは写真だけ〟と教えてあげてください

大声を出さない

子どもは楽しくなるとつい大声になったり、奇声を発します。峠で「ヤッホー！」と叫ぶのはかわいらしくても、それ以外の場所では静かに話すよう伝えてください。これも大切な山のマナーです

最初の三〇分を楽しく演出しよう

子どもはいつも機嫌良く歩いてくれるとは限りません。「もう歩きたくない」「おなかすいた」「足が疲れた」「いま何時？」……そんな言葉が頻繁に出るようになったら？

登山道に入る前であれば、よほど体調や気分がすぐれない証拠です。そんなときは潔くトレッキングを中止するのも手です。無理をして連れていっても、子どもにとって良い結果は望めません。

登山道に入ってからぐずり出した場合は、おいそれと中止というわけにもいきません。励ましの言葉をかければ頑張れるのか、ちょっと休憩をしておやつを食べれば気分が変わるのか……これはそのときどきに応じて対処するほかありません。ただ、ずっとぐずっていたのに、我慢を重ねてようやく頂上が見えてきたとたん、さっと表情が明るくなり、そこからは最後まで元気に歩き通した子どもを私はたくさん知っています。

じつは、親子トレッキングは〝最初の三〇分〟が肝心なのです。スタートから親が緊張でピリピリしていませんか？　子どもはそうした気配に敏感です。この先になにか途方もない困難が待ち受けているのかもしれないと警戒心を抱くのです。

トレッキングを成功させるには、歩き出しの三〇分を親子でどれだけ楽しく歩けるか、これがポ

「しりとり」をしたり、クイズを出し合ったり……歩き出しの30分を楽しくするのがコツです

イントです。前日までに語り合った山の明るく楽しいイメージをおなかの真ん中に抱えながら、まずはのんびりと歩いてみてください。それで心と身体が温まれば、その日のトレッキングはきっとうまくいくはずです。

子どもを山好きにするには?

親子トレッキングといっても、子どもから「山に連れてって!」と言い出すことはまれです。親が主導する場合がほとんどかもしれません。そこで、子どもを山好きにするアイデアをご紹介しましましょう。

1. 万歩計

小さな子どもでも「今日はこんなに歩けた」と一目瞭然です。厳密な計測にとらわれず、遊び感覚で使ってみてください。歩くモチベーションとなればいいのです

2. 双眼鏡・ルーペ

双眼鏡は遠くの景色や野鳥観察に。ルーペは葉っぱや花などの観察に。とくにルーペは軽量・コンパクトという点でもおすすめです。ルーペが手に入らないときは、虫メガネでもOKです

3. 植物図鑑

ポケットサイズの植物図鑑も使えます。気になった植物を調べたり、できれば親子で取り組みたいものです。ゆっくり観察できないときは、写真に撮っておけば、家に帰ってじっくり調べられます

4. バードコール

市販品もありますが、硬めの木片などにネジを埋め込んでもつくれます。ネジを左右にきゅっきゅっと回すだけで、野鳥のさえずりのような音が出ます

5. しりとり＆歌

子どもが大好きなしりとり。単調な山歩きや少し疲れたときに効果があります。娘と山登りをしていたときは、保育園などで覚えた歌を次々と披露してくれました。子どもの歌声は歩くリズムを生み出してくれます

6. 落ち葉・落ち枝

晩秋になると山は落ち葉で敷きつめられます。大きな朴葉に穴をあけてお面にすれば子どもは大喜び。落ち枝にもユニークな形をしたものがあります

お気に入りの山に三回登る

幼い子どもほど保守的で、知らない場所には警戒心を抱きます。けれど、知っている場所であればすぐに心を開くのもまた子どもの特徴です。子どもたちが同じ絵本や昔話を何度も読んでとせがむのは、自分が知っている物語なら安心して聞けるからです。毎回同じ場面で笑ったり、ドキドキするのも、分かっている世界だから楽しいのです。そして、すぐれた昔話であればあるほど、そこから多くの知恵や教訓を学び取っていきます。

このことは、〝お気に入りの山〟にもそっくり当てはまります。「この前、ここでおやつを食べていたら大きなカエルがいたよね」「この先にある木の橋を渡るんだよね」といったように、自分の体験が安心材料になり、しっかり山と向き合うことができるのです。

昔話には「三回繰り返す」という法則があります。たとえば、『白雪姫』では、森の小人にかくまわれた白雪姫を狙い、変装した王女が三回やってきます。あるいは三人の兄弟が出てきたり、これは洋の東西を問わず普遍的な法則です。

山の初心者親子は、少なくとも最初の一、二年はお気に入りの低山を一つか二つに絞って、四季を通してまずは三回登ってみて下さい。子どもを山好きにし、しかも自然から深い知恵や教訓を学ぶことができるはずです。

4章　コースガイド

親子におすすめ 関東周辺20コース

※実際に登山道などを歩く際は、必ず登山地図および最新の交通情報を入手のうえ、お出かけください。コースタイムはあくまで目安です。親子の経験・体力・年齢などによって変わります。

1

水辺の涼しさを感じながら歩こう

高尾山《たかおさん》 六号路 〈東京〉

東京の西にある高尾山(五九九メートル)は、都心から一時間足らずでアクセスできる山として一年中にぎわっています。貴重な自然が豊富に残され、四季を通してトレッキングが楽しめます。一年間に二六〇万人もの人が登る山は世界でも類をみません。二〇〇七年にミシュランの三ツ星に輝いてからは、外国人の姿も多く見かけるようになりました。大都市の背後に控える超メジャー低山ですから、ガイドブックなどの情報源が豊富ですし、雨の日でもそれなりに登山者がいて初心者でも安心です。茶屋、土産物店、トイレなども充実しています。

登山ルートは多彩にありますが、おすすめは全長三・三キロメートルの六号路です。琵琶滝コースとも呼ばれています。高尾山口駅から歩いてケーブルカー清滝駅へ。その脇から登りはじめます。前半は沢沿いに続く趣きのあるコースで、暑い夏でも涼味を感じながら歩けます。しばらく行くと、二股の道が並行気味にあらわれ、右手奥に向かうと修験者が水行をする琵琶滝があります。休憩がてら立ち寄ってみるのもおすすめです。

再び道に戻り、左手を進みます。小さな木橋の「大山橋」を渡ると、やがて右手に飛び石が点在する細長い沢筋の道があらわれるので、これをたどって行きます。水辺歩きはここで終わり。あとは尾根にとりつき、階段状の道をぐんぐん登ると稲荷山コースと合流し、山頂へ。復路はのんびりと猿園や薬王院を見物しながら、ケーブルカーかリフトで下山すれば、頑張った子どもへのご褒美にもなります。

国土地理院発行2万5千分の1地形図を使用

レベル

親子コースタイム

登り：2時間
下り：1時間（ケーブルカー利用）

登山口までの行き方

京王線高尾山口駅から徒歩

2

三〇五メートルの超低山でも楽しめる！

日和田山《ひわだやま》〈埼玉〉

日和田山は標高わずか三〇五メートルの低山ですが、親子トレッキングの入門コースとしては十分に楽しめる山です。

西武池袋線高麗駅から鹿台橋を渡った先を左折。再度左折すると登山口です。

登山道に入って一の鳥居を過ぎると男坂と女坂に分かれます。男坂は岩場が続くため小さな子どもには危険なので、歩きやすい女坂で山頂に向かいます。とはいっても、急な登りもあったりして、安全でありながらもそれなりに景色に変化のあるコースが楽しめます。

二の鳥居がある金刀比羅神社に出ると、南面の眼下に巾着田や奥武蔵の山並みが広がって見えます。神社の裏手をひと登りすれば山頂です。登山口から休憩を入れても一時間ほどで登頂できるはずですから、時間を気にせずマイペースで歩きたい親子にはうってつけの山です。

もしも物足りない場合は、物見山（三七五メートル）、観音山（三七七メートル）、ユガテを経由して東吾野駅へ下るコースもあります。ただしそうなると全体で九キロ余り、四時間以上のコースになります。まだ経験が少なかったり、体力のない初心者は無理せずに往路を戻りましょう。

行きには立ち寄れなかった巾着田や河原で遊ぶのもいいですし、オーガニックカフェで有名な「阿里山カフェ」で、ご褒美のスイーツを子どもと食べながら一休みするのもおすすめです。休日に気軽に出かけることのできる、魅力的な山です。

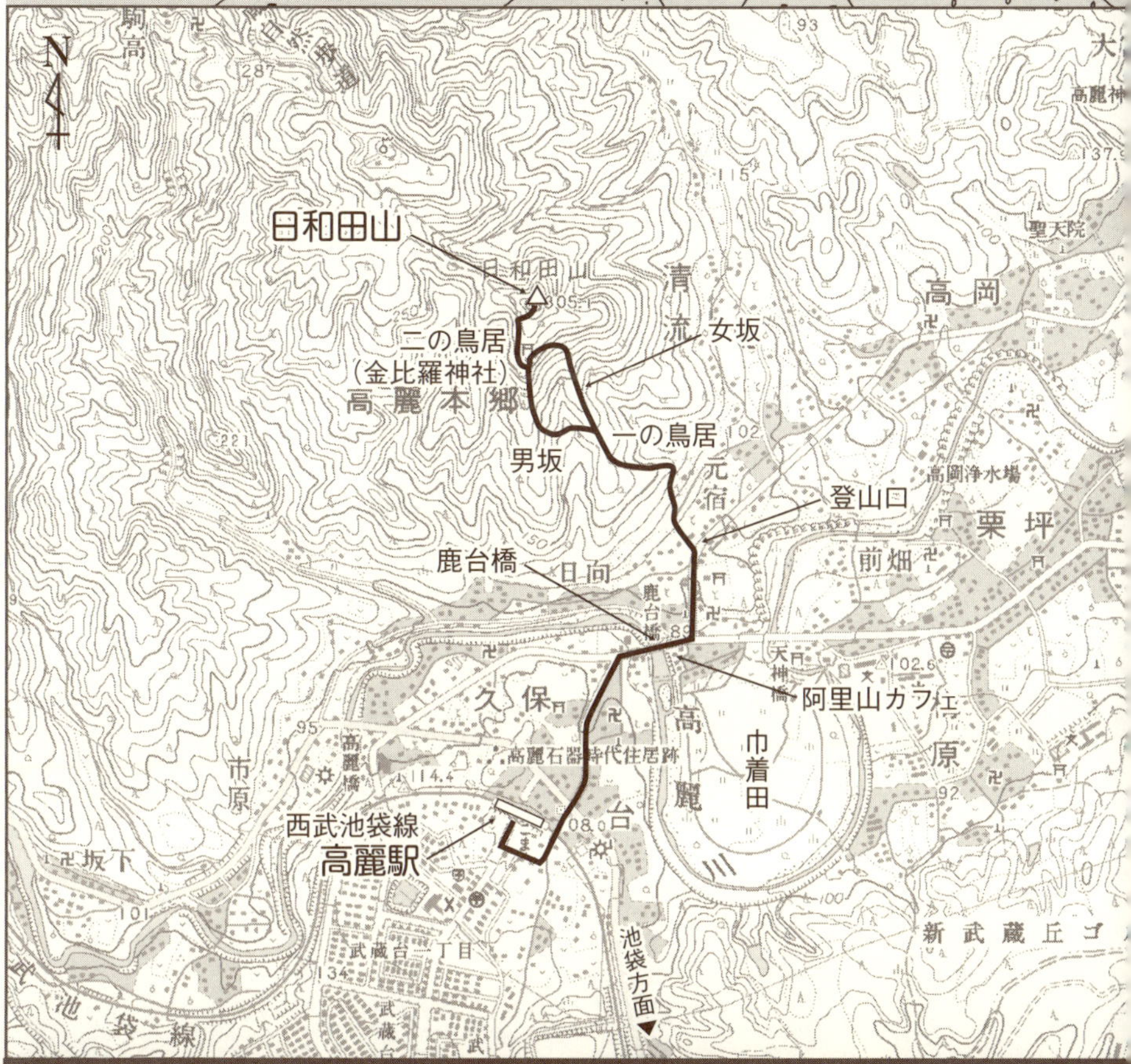

国土地理院発行2万5千分の1地形図を使用

レベル

親子コースタイム

登り：1 時間 30 分
下り：1 時間 15 分

登山口までの行き方

西武池袋線高麗駅から徒歩

3

フェリー&ロープウェイを使っての山登り!

鋸山《のこぎりやま》 地獄のぞきを回る〈千葉〉

千葉の山々の中でも人気の一、二を競うのはおそらく鋸山(三二九メートル)でしょう。特異な形状の岩峰を見せる山容は、とても三〇〇メートル級とは思えない貫禄と威容があります。

内房線の浜金谷駅から徒歩で登山口に向かうのが一般的ですが、アプローチを思いっきり大胆かつ贅沢に楽しむ方法があります。

それは横須賀・久里浜港から東京湾フェリーに乗って、東京湾を横断(四〇分)しながら金谷港をめざす方法です。

海からアプローチして山に登る、という変化に富んだトレッキング。それも広大な東京湾に面した鋸山ですから、山頂からは東京湾を眼下に一望できます。つまり、東京湾を海と山から二度楽しめる山旅というわけです。

フェリーには自家用車ごと乗ることもできますし、もちろん乗客だけなら料金も安くすみます。

フェリー到着後、金谷港から歩いて登山道に向かいたいところですが、アプローチに時間をかけ過ぎたので、ここは時間短縮のためロープウェイを使って山麓駅から山頂駅まで行きます。鋸山には「地獄のぞき」「日本寺の大仏」「採掘場」など見どころが満載なので、時間の許す範囲でしっかり行動計画を練っておきましょう。

日本寺から内房線保田駅まで下山すれば、帰路はゆっくり電車で帰れます。

海からアプローチする山登りは、きっと子どもにも喜ばれるはずです。

国土地理院発行2万5千分の1地形図を使用

レベル

親子コースタイム

登り：1時間（山頂駅→地獄のぞき）

下り：2時間30分（地獄のぞき→千五百羅漢や大仏を見て保田駅へ）

登山口までの行き方

東京湾フェリー・久里浜港→金谷港（40分）→徒歩（20分）→ロープウェー山麓駅→山頂駅（約4分）

4

グループ登山なら餅つきイベントも

景信山《かげのぶやま》〈東京〉

景信山（七二七メートル）は高尾山に連なる山のひとつで、高尾山から陣馬山までの奥高尾縦走路の中間にあります。

ＪＲ高尾駅北口から「小仏行き」バスに乗って、終点から歩き出します。小仏バス停からゆるやかなアスファルトの道を登っていくと、舗装が途切れて登山道があらわれます。すぐ右手のヤゴ沢作業道から杉の樹林帯をジグザグに登っていくのが最短コース。直進すれば小仏峠経由で山頂です。

景信山の楽しみは山頂にある二軒の素朴な茶屋です。季節の山菜を揚げた天ぷら、なめこ汁、酒まんじゅうなど手づくりの味覚が自慢です。中でも景信茶屋では人数が揃い、事前に予約をすれば注文分のもち米（一升から）を蒸してくれて、茶屋の前で杵と臼で餅つきができます（お餅にからめる食材や食器類は持参）。子どもや大人が大勢集まるグループ登山にはうってつけのイベントになります。餅つきの楽しさと、つきたてのお餅のおいしさで、子どもたちも大満足すること間違いなしです。

山頂の北東側からは東京の広い街並みが一望できます。

午後二時以降になると、にぎわっていた山頂付近の登山者も減ってきます。初心者のうちは再び小仏バス停まで下るのが無難でしょう。

日の長い季節なら、ややロングコースになりますが、城山経由で高尾山へ脚を伸ばしてみたり、相模湖駅側に下りるコースもあるのでぜひ挑戦してみてください。

国土地理院発行2万5千分の1地形図を使用

レベル

親子コースタイム

登り：2時間15分（小仏峠経由）
下り：1時間30分（ヤゴ沢へ下る場合）

登山口までの行き方

JR 中央本線 高尾駅→京王バス・小仏行き
→小仏バス停（約20分）

5

草原の山頂から都心を眺める

陣馬山《じんばさん》 一ノ尾根ルート〈東京・神奈川〉

陣馬山(八五五メートル)は、私の家(神奈川県相模原市)から直接歩いて行ける〝我が家の裏山〟的な存在です。

東京近郊の山の中でも屈指の広い山頂を誇り、三六〇度の展望が望める山です。

ＪＲ藤野駅前から和田行きバスに乗って「陣馬登山口」で下車。落合集落を登りつめて、一ノ尾根の登山口から山道に変わります。

陣馬山が初めての親子にとって一ノ尾根から山頂までの道のりは長く感じるかも知れませんが、起伏はほとんどなく、危険な箇所もない歩きやすいコースです。無事に山頂にたどり着いたときの開放感は格別です。

山頂には子どもに人気の白馬の像が立っています。特徴の異なる茶屋が三軒あり、けんちん汁、陣馬そば、おでん、刺身こんにゃく(冬限定)、かき氷(夏限定)、ドリップコーヒーなど、自慢の献立で登山者をもてなしています。

復路は一ノ尾根に戻り、最初の分岐を右手に下る和田へのルートをとります。

このルートは登りにもおススメです。落葉広葉樹に包まれた明るい柔らかな森が続く、私の大好きなコースです。新緑と可憐な花が咲く春先や、紅葉の秋、ふかふかの落ち葉に敷き詰められた晩秋から冬のトレッキングも最高です。和田バス停は始発(終点)なので、早めに下山すれば座って藤野駅まで戻ることができます。

国土地理院発行2万5千分の1地形図を使用

レベル

親子コースタイム

登り：2 時間 30 分

下り：1 時間 30 分（和田バス停へ）

登山口までの行き方

JR 中央本線藤野駅→神奈川中央交通バス・和田行き→陣馬登山口バス停 (約 5 分)

6

巨岩の点在する古道をトレッキング

石老山《せきろうざん》〈神奈川〉

ＪＲ相模湖駅から三ケ木行きバスで「石老山入口」停留所へ。バス停後方の横断歩道を渡った先に小ぎれいなトイレがあります。登山道へはトイレ前の広めの舗装路をゆるゆると登っていきます。相模湖病院前の石段を上がり、前進すれば登山道です。

石老山（六九四メートル）の前半は、小山のような巨岩が点在します。初心者にとってはやや急しゅんで、身体の小さな子には段差の大きな道が続きますが、山の霊気を感じながら頑張って登ります。三〇分もすると中腹に建つ顕鏡寺に。寺の右脇奥にはいつも清掃の行き届いたトイレがあります。

一休みしたら銀杏の巨樹の脇から登山道を前進します。ほどなくすると、長い間廃道になっていた桜山への分岐があらわれます。桜山方向は石老山への巻き道で、落葉広葉樹の多い明るいコースです。もし分岐を直進する場合は、まだしばらく巨岩が楽しむことができます。

八方石の先で巻き道と再び合流し、ゆるやかな広い尾根道を進むと融合平見晴台に出ます。晴れた日は、眼下の相模湖や奥高尾の山並みが見事です。登山道に戻って、残り一キロちょっとで頂上。下山は大明神見晴台へ向います。途中、傾斜のきつい下りが何箇所かあるので、親子で手をとりながら慎重に通過し、見晴台へ。相模湖を眺めたら、本格的な下山開始です。下山後、舗装路を下っていくと「渡し舟」の看板があらわれます。バスでも帰路につけますが、湖畔から対岸（ＪＲ相模湖駅側）まで舟で渡るのは気分も爽快で、子どもにも喜ばれます。

国土地理院発行5万分の1地形図を使用

レベル

親子コースタイム

登り：2 時間 30 分
下り：2 時間

登山口までの行き方

JR 中央本線 相模湖駅→神奈川中央交通バス・三ケ木行き→石老山入口バス停 (約 10 分)

7

御岳山からロックガーデン周遊〈東京〉

みたけさん

渓流と滝でマイナスイオンもたっぷり！

ＪＲ青梅線の御岳駅前から「ケーブル下行き」のバスに乗って終点で下車します。そのままバス停前方の滝本駅に行き、ケーブルカーで御岳山駅までいっきに上がり、駅を出たら、すぐ左手の長尾平方面に向かいます。御嶽神社を過ぎ、長尾平への分岐を左に見送って、「岩庭（ロックガーデン）」方面の指導票にそって前進しましょう。

登山道はやがて沢へと下り、ロックガーデンの名称にふさわしい大小さまざまな岩の点在する沢沿いの道に変わります。

「東京の奥入瀬」と呼ぶのはちょっとオーバーかな？と思いつつも、新緑や紅葉の季節はたいへん気持ちの良いルートです。足元の石を踏みながら水辺に沿って歩くのは、子どもたちにとってもきっと楽しいはずです。

ロックガーデンの中ほどに古びた休憩所とトイレがあります。そこからさらにひと登りすると、綾広《あやひろ》の滝があらわれます。

滝壺近くでマイナスイオンを浴びながら一休みして、登山道に戻ってもうひと登りすると「長尾平」方向を示す指導票があられます。最初に通過した長尾平の分岐まで戻り、あとはもと来たルートで御岳山駅に戻ります。

このコースは水辺歩きでとても気持ちがいいのですが、大雨などの翌日は、増水して危険ですから避けた方がいいでしょう。時間と体力に余裕があれば隣の日の出山まで足を延ばし、「つるつる温泉」まで下って、温泉入浴というお楽しみもあります。

国土地理院発行2万5千分の1地形図を使用

レベル

親子コースタイム

登り：1 時間 45 分（綾広の滝まで）
下り：1 時間 45 分

登山口までの行き方

JR 青梅線御岳駅→西東京バス・ケーブル下行き (約 8 分) →ケーブルカー滝本駅→御岳山駅 (約 10 分)

8

初心者でも登れる房総のマッターホルン

伊予ケ岳《いよがたけ》〈千葉〉

千葉県は最高峰の愛宕山でも標高四〇八メートルというくらい、低山の宝庫です。ロープウェイが使える鋸山（P.106）もおすすめですが、低山とは思えぬ高度感や達成感がコンパクトに味わえる伊予ヶ岳（三三六・六メートル）もおすすめです。

伊予ガ岳は「房総のマッターホルン」とも呼ばれる岩峰の山ですが、初心者親子でも安心して歩けます。JR内房線岩井駅からバスかタクシーで天神郷に向かいます。登山口に立つと、前方に伊予ガ岳の鋭利な岩峰がそびえ立ち、「なるほど、マッターホルンに見えなくもないか」。

平群天神社で参拝して、社殿左手から伊予ガ岳をめざします。三〇分ほど登って、富山（三五〇メートル）への分岐を左に見送ってさらに直進。やがてあずまやのある展望台に着きます。展望台のすぐ先が伊予ガ岳の南峰ですが、岩稜の急登なので慎重に登っていきましょう。

南峰は一人しか立てないくらいのスペースですが、眺めは最高です。さらに片道一〇分の最高点の北峰（三三六・六メートル）に立つと、伊予ガ岳山頂部の威風がいっそう実感できます。

下山は往路を戻りますが、最初の山頂付近だけは足元に気をつけながら慎重に下りましょう。終わってしまえば、なんてことのない山かもしれませんが、その山容や山頂の高度感は低山とは思えない醍醐味が味わえます。風向きによっては潮風の匂いも感じられて、いかにも房総の山にふさわしい魅力あふれる低山です。

国土地理院発行2万5千分の1地形図を使用

レベル

親子コースタイム

登り：1時間45分
下り：1時間30分

登山口までの行き方

JR内房線 岩井駅→富山町町営バス・コミュニティーセンター行き→コミュニティーセンターバス停（約22分）

9

迫力満点、でっかい富士山を一望できる

高川山〈山梨〉

たかがわやま

　ＪＲ中央本線の初狩駅から歩いて登れる高川山（九七六メートル）は、富士山が一望できる山として親しまれています。富士急行・田野倉駅や中央本線・大月駅と結ぶルートもありますが、親子で訪ねるのなら初狩駅を起点に山頂までピストンするのが、もっとも安全でわかりやすいルートです。

　初狩駅を出て右手に進んでガードをくぐり、高川山方向を示す小さな看板を目印に自徳寺脇の墓地に沿ったゆるやかな坂道を登り、登山口に向かいます。林道に入るとやがて男坂・女坂の分岐があらわれますが、沢沿いに進むコースで山頂をめざします。登山道はそれほど広くはないので、子どもの手をとりながら上手に歩いていきましょう。ところどころにロープが張られている箇所がありますが、ロープに頼らなくても足場を確保しながら通過すれば大丈夫です。

　駅から二時間ほどの登りで山頂につきます。岩稜の小さなピークは、いかにも〝お山のてっぺん〟という趣きです。秋から冬の空気の澄んだ季節が最適で、迫力満点の富士山をはじめ、奥多摩方面や南アルプスの山並みも展望できる気持ちのよい頂です。この山頂にはかつて、大勢の登山者に愛されていたビッキーというメスの野良犬がいましたが、二〇一〇年に亡くなりました。ビッキーは「孤高の犬」と呼ぶにふさわしい、高川山の仙人のような風格をもっていました。山頂にある木箱にはノートが置かれ、そこにはビッキーを忍ぶ登山者たちの言葉も散見されます。

国土地理院発行2万5千分の1地形図を使用

レベル

親子コースタイム

登り：2 時間 30 分
下り：2 時間

登山口までの行き方

JR 中央本線 初狩駅より徒歩

10

青い太平洋を見下ろしながら歩こう

幕山《まくやま》〈神奈川〉

小田原と熱海の中間に位置する湯河原の幕山（六二五メートル）は、都内からでも十分日帰り可能な家族向けの低山です。

湯河原駅からは箱根登山鉄道バスの「鍛冶屋」行きに乗って、終点で下車。幕山公園に向かって舗装路を左に登っていくと登山口です。

眼前に見えているのが幕山。山肌の一部は岩壁が露出しており、ロッククライミングの練習場になっています。登山口前から直登コースを使えば最短時間で山頂に出ます。標高差四五〇メートルなのでちょっとキツめ。階段状のジグザグの道がつづくので、変化には乏しいけれど、晴れていれば太平洋を眼下に見ながら登れます。ただし、陽射しをさえぎる樹林帯がないので真夏は不向き。

ゆったりとしたトレッキングを楽しむなら、直登コースを右手に見送って直進する裾回りのコースがおすすめです。林道を前進し、大石ガ平の先から右手の山道に入って幕山に本格的に取り付きます。林道と山道の分岐には指導票がありますが、見落として直進しないよう注意してください。

山頂部は山岳用語で「カヤト」と呼ばれる草原で、ススキやスゲなどイネ科の植物が茂っています。真鶴岬と美しい太平洋を眺めながら昼食をとりましょう。急登があったり、涸沢を渡ったり、そしてハコネダケと呼ぶこれもイネ科の背の高い竹のトンネルをくぐり抜けたりと、自然の変化が楽しめるルートです。裾回りで登って、急登コースで下山すれば申し分なしでしょう。

国土地理院発行2万5千分の1地形図を使用

レベル

親子コースタイム

登り：2 時間 30 分
下り：1 時間 30 分（直登コース）

登山口までの行き方

JR 東海道線 湯河原駅→箱根登山鉄道バス・幕山公園／鍛冶屋行き→幕山公園バス停 (約 15 分)

11

マサカリかついだ金太郎さんの山！

金時山《きんときやま》〈神奈川〉

金太郎伝説の山として知られる金時山（一二一二メートル）は、箱根を代表する人気の山です。

この山は晴れた日の富士山の眺望が素晴らしく、加えて、下山後は温泉に立ち寄って汗を流せるなどの楽しみもあります。ルートはいくつかありますが、紹介するのは箱根湯本駅を起点にした比較的短めのルートです。

箱根湯本駅から箱根登山バスの「桃源台」行きに乗り、三〇分ほど揺られて仙石バス停で下車。バス停から金太郎ゆかりの公時《きんとき》神社に向かいます。

前方に見えてくる高い頂が金時山。スタート時点で登る山が見えているという山は、ありそうで案外少ないものです。

神社の境内から歴史を忍ばせる、霊気満山の山道が始まります。全部で三キロメートル程度の行程ですが、山頂付近は急しゅんな箇所もあるので親子とも十分に山登りに慣れてから挑んでください。ぐんぐん高度を上げて尾根上あたりまで来ると、眼下に芦ノ湖や外輪山が見えてきます。箱根らしい風景のひとつです。山頂手前の急登の岩場を慎重にこなせば頂上です。「天下の秀峰・金時山」と書かれた大きな立て看板の先に、裾野からそびえ立つ富士山がスケールいっぱいに広がっています。山頂には二軒の茶屋とトイレもあるので安心。

下山は往路を下って公時神社分岐まで戻り、矢倉沢峠付近で一休み。あとは峠から仙石方面へ三〇分ほどで下れるでしょう。国道まで出て、左に五分ほど歩けば仙石バス停です。

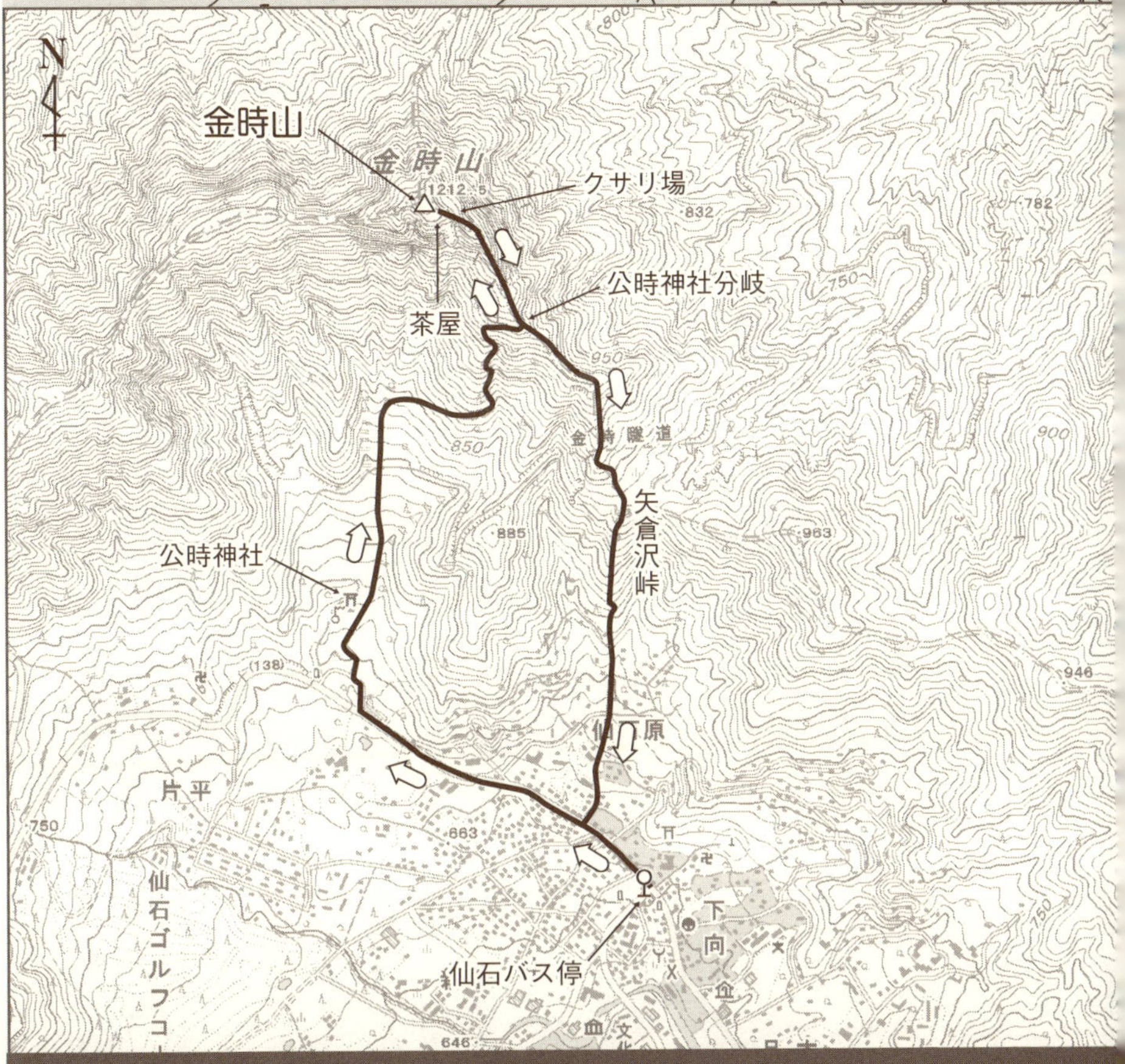

国土地理院発行2万5千分の1地形図を使用

レベル

親子コースタイム

登り：2 時間 30 分
下り：1 時間 50 分

登山口までの行き方

小田急小田原線 箱根湯本駅→箱根登山鉄道バス・桃源台行き→仙石バス停 (約 30 分)

12

丹沢入門の一〇〇〇メートル峰

ヤビツ峠から大山《おおやま》へ〈神奈川〉

丹沢山系の東に位置する大山(一二五二メートル)は、江戸時代から信仰の山として知られています。山頂へはケーブルカーを使って下社駅から登るのがもっとも手軽な方法ですが、ケーブルカーは下山にとっておいて、西側のヤビツ峠から登ってみましょう。

小田急線秦野駅前から「ヤビツ峠行き」のバスに乗って終点で下車します。ヤビツ峠(七六一メートル)から山頂までの標高差は四九一メートルです。ヤビツ峠のバス停で降りたら、指導票に従って大山へ向かうイタツミ尾根をめざします。親子で登る場合は山頂まで一時間半が基本のコースタイムになるはずです。焦ることなくルートをしっかりチェックしながら、のんびりと登って行きましょう。途中に表参道コースと合流する分岐があります。帰りはこの表参道を下るので分岐点をチェックしておきましょう。

山頂には阿夫利神社本社、奥の院の質素な建物があり、小さな茶屋(売店)やトイレもあります。視界が良ければ太平洋側が一望できて、江ノ島や伊豆の島々も見渡せます。下りは登ってきたコースに戻り、登りの途中にあった分岐を表参道コースで下社方面へ下ります。

下がっていくと、随所に〇丁目と刻まれた石柱があらわれます。下社を一丁目として山頂の二八丁目まで、要所要所にこの石柱が立っていますから、数字がどんどん減っていけば下社に着くことになります。立派な下社の内部は湧水を湛えた水場があります。社殿から石段を下って、右下に向かえばケーブルカーの下社駅です。

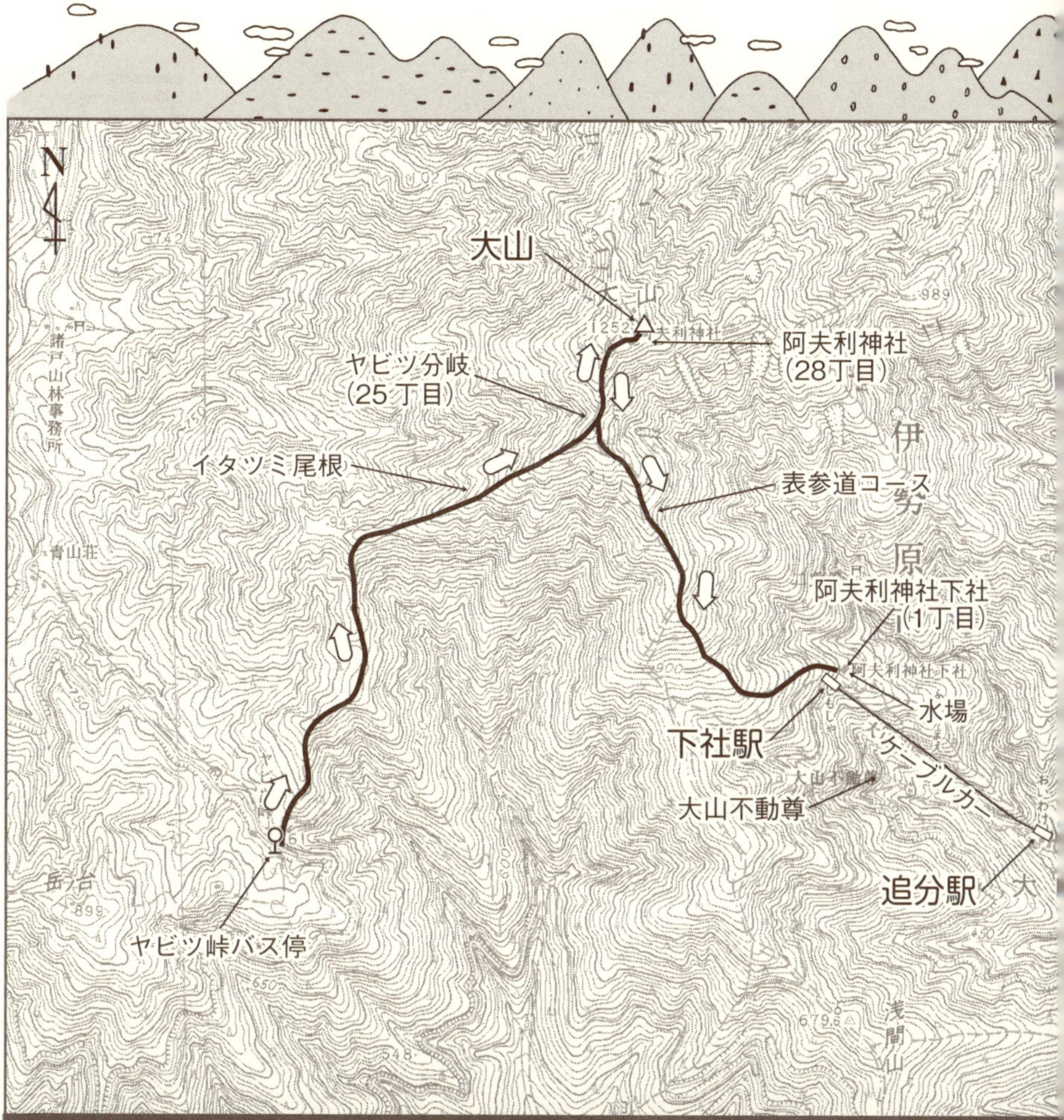

国土地理院発行2万5千分の1地形図を使用

レベル

親子コースタイム

登り：1時間30分
下り：1時間30分

登山口までの行き方

小田急線秦野駅→神奈川中央交通バス・ヤビツ峠行き→ヤビツ峠バス停(約50分)

13

南高尾山稜《みなみたかおさんりょう》〈東京〉

にぎわう高尾山と好対照、静かな山歩き

高尾山の南側に孤を描くように伸びる南高尾山稜は、標高が三〇〇〜五〇〇メートル余りの小峰や峠が連なる山稜です。一年中大にぎわいの高尾山とは好対照に、このエリアは静かでのんびりとした山歩きを好むハイカーが中心。

ルートは大垂水から上がって、草戸山の先へと抜けるのがおすすめです。反対側から歩くよりもアップダウンの影響が少ないので親子トレッキング向きです。

このコースはガイドブックによっては「初心者向け」と評価していますが、行程が長く、水場、トイレ、茶屋もなく、登山者がまばらな日もあるので、親子で歩く場合は十分な下調べをしてください。もちろん念入りな装備も欠かせません。とはいえ登山道は整備され、指導票もポイントごとにあるので、確認を怠らなければ迷う心配はありません。

ルートは大垂水からスタートし、大洞山、中沢山、西山峠、三沢峠とゆるやかに上下しながら進みます。ほぼ中間地点に当たる西山峠や三沢峠から北側に下ればエスケープルートにもなります。南高尾山稜最後の山、草戸山（三六五メートル）はその標高の数字から、別名「一年山」とも。ここから先は起伏が大きくなってくるので、バテないよう、体力温存で前半を過ごしましょう。道なりに下っていくと鞍部のような場所の分岐点に出ます。そこを左に下れば民家の脇に出て、さらに進めば国道二〇号。京王線高尾山口駅はすぐ。高尾山名物「とろろそば」でも食べて帰りましょう。

国土地理院発行5万分の1地形図を使用

レベル

親子コースタイム

4時間（全行程）

登山口までの行き方

JR 相模湖駅→神奈川中央交通バス・八王子駅行き→大垂水バス停 (約 13 分)

14

高山へのステップアップに最適

滝子山《たきごやま》〈山梨〉

一〇〇〇メートル未満の低山を親子でコツコツ登り、もう少しレベルの高い山に挑戦してみたくなったら、滝子山（一六一〇メートル）は理想的です。親子で歩く場合は休憩を含めて八時間の行程、標高差一〇四〇メートルの山登りになります。一日がかりの行程ですから、日の長い季節を選んで登って下さい。標高差はありますが、急峻な登りはそれほどありません。道標など道はしっかりついていますから、迷う心配は少ないはず。ただし、ルート上にはトイレ、茶屋などの施設は一切なく、深くて長い行程ですから早めの出発と万全の装備で挑んでください。

　ＪＲ中央本線・笹子駅から国道二〇号を東に進み、中央自動車道をまたいで桜森林公園へ向かいます。大鹿沢の上をゆく林道を登ると、路肩右に小さな「道《みち》証《あかし》地蔵」と道標があらわれます。そこを右に下って大鹿沢（平ツ沢）沿いの登山道に入ります。やがて見事な滝やナメが次々とあらわれる変化に富んだコースが続きます。

　しだいに沢から離れて高度を上げるうち、広い防火帯の尾根に出ます。尾根を登り、鎮西ヶ池を過ぎて最後の急登をひと登りすれば山頂です。山頂は決して広くはありませんが、展望も高度感も抜群です。親子で達成感を味わったら、早めの下山にとりかかりましょう。下山は桧平を経由して初狩駅に向かいます。

　新緑の季節から晩秋の季節まで楽しめる味わいのある山です。冬季は山頂付近が凍てつくので、軽アイゼンが必携となります。

国土地理院発行5万分の1地形図を使用

レベル

親子コースタイム

登り：4時間
下り：3時間

登山口までの行き方

JR 中央本線 笹子駅より徒歩

15

乾徳山《けんとくさん》〈山梨〉

スリリングな岩場を登って頂上へ

乾徳山(二〇三一メートル)は、山頂部が巨岩の折り重なる岩稜地帯。頂上直下には天狗岩と呼ぶ高さ一〇メートルほどの岩壁が立ちはだかっています。ここをクサリを使って登るのが山のハイライトなのですが、子どもに挑戦させるには相応の経験と勇気が必要です。

スリリングな山頂部と違い、徳和の登山口から扇平まではコメツガ、シラビソなどの原生林や水場、カヤトの国師ヶ原など、変化に富んだ魅力的なコースとなっています。ピークハントにこだわらずに扇平か、その手前の月見岩までピストンするだけでも楽しい山登りとなります。

乾徳山の岩稜地帯は扇平の先から始まります。ここから先は岩場のルートを見定める的確なルートファインディングと、足場を冷静に通過することが求められます。天狗岩に至る前にもやや長めのクサリ場がありますが、登山経験を積んだ小学校高学年なら問題なくクリアできるでしょう。なお、最大の難関・天狗岩のクサリ場を回避して、右手奥の道から巻くルートがあるので、危険を冒さず山頂に立つこともできます。

岩峰の山頂には小さな祠がまつられ、三六〇度の展望は圧巻です。登山地図やガイドブックには下山道が別に紹介されていますが、そこは使わず、もと来たルートを戻るのが安全で確実です。標高差が一二〇〇メートル以上になるので早めのスタートが必要となります。雨天時は滑るため、山頂部への接近はやめておきます。

国土地理院発行5万分の1地形図を使用

レベル

親子コースタイム

登り：3 時間 45 分
下り：3 時間 15 分

登山口までの行き方

JR 中央本線 塩山駅→山梨貸切自動車・西沢渓谷行き→乾徳山入口バス停（約 32分）

16

いつか行きたい、東京の最高峰!

雲取山《くもとりやま》〈東京〉

雲取山(二〇一七メートル)の存在を知ったとき、「東京にも二〇〇〇メートル峰があるんだ」と少なからず驚いたものです。

首都圏在住の親子なら、一泊二日の「はじめての山旅」として、低山トレッキングの成果を試すには良い山でしょう。

初心者親子には鴨沢バス停からのルートがおすすめです。稜線にあたる石尾根まで起伏はほとんどなく、ゆるやかな登りがひたすら続きます。気になることは、その長い行程です。長時間コツコツと歩ける持久力が求められます。

初日は石尾根の中ほどにある奥多摩小屋(自炊小屋)を目標に出発します。その先にある雲取山荘(食事付き)までは、さらに一時間以上プラスの行程になるので、健脚親子向けとなります。鴨沢バス停から奥多摩小屋まで、休憩を含めて六時間が目安。九時出発なら一五時台には奥多摩小屋に着きたいところです。登るには、一二月半ばから三月までは雪山となるので、それ以外の季節、新緑の五月や紅葉の一〇月頃がおすすめです。とくに石尾根から山頂付近に群生するカラマツの紅葉は美しく、二日目の早朝、朝日を浴びて輝くカラマツの尾根を山頂めざして登る時間帯はほんとうに秀逸です。

奥多摩小屋の周辺はテント泊も可能です。復路も同じルートが安心です。時間の余裕があれば七ツ石山にも足を伸ばしてみましょう。歩いてきた石尾根と雲取山の眺めが見事です。あとは七ツ石小屋経由でブナ坂に戻り、鴨沢まで下山します。

レベル ▲▲▲

親子コースタイム

1日目：5時間（奥多摩小屋まで）
2日目：5時間（山頂を経由して鴨沢バス停まで）

登山口までの行き方

JR青梅線 奥多摩駅→西東京バス・鴨沢西行き→鴨沢バス停（約35分）

国土地理院発行5万分の1地形図を使用

17

水遊びも楽しめる、夏の渓谷歩き

清里高原　川俣渓谷〈山梨〉

きよさとこうげん・かわまたけいこく

八ヶ岳のすそ野に広がる清里高原には、家族向けのトレッキングスポットがいくつもありますが、夏向きの涼しげなコースをご紹介しましょう。

「川俣渓谷への小径」と呼んでいる渓谷沿いのコースです。川俣川東沢にかかる天井岩橋からスタートし、吐竜の滝まで変化に富んだトレッキングが楽しめます。渓谷にかかる橋を渡ったり、岩場をすり抜けたりしながら、獅子岩、蘭庭曲水、御座岩といった巨岩や流れの見事なスポットが次々とあらわれ、スリリングで爽快です。

御座石を過ぎてしばらく行くと、浅瀬の沢に面した広場に出ます。ここは裸足になって水遊びするにはうってつけの隠れたスポット。終点の吐竜の滝は、ふだん着の観光客でもにぎわっています。小さな子には段差が大きくて注意が必要な箇所もあるので、難しいと感じたら引き返すくらいのつもりでのぞんでください。

復路は吐竜の滝の先から渓谷上の高原に上がって、聖アンデレ教会方面をめざせば清里駅も間近です。

このコースは雨の日は滑りやすく、落石などによる立入禁止や通行注意になる箇所もあるので「八ヶ岳自然ふれあいセンター」に問い合わせしてください。

国土地理院発行2万5千分の1地形図を使用

レベル

親子コースタイム

3時間30分（全行程）

※清泉寮の先までタクシー利用の場合は30分短縮

登山口までの行き方

JR小海線 清里駅より徒歩

※清里駅前の観光案内所、八ヶ岳自然ふれあいセンターなどで詳しいマップが入手できて役立ちます

18

苔むした原生林を歩き、雲上の庭へ

北八ヶ岳① 麦草峠から雨池、坪庭〈長野〉

きたやつがたけ

夏沢峠を境に、蓼科山までを北八ヶ岳と呼んでいます。赤岳を盟主とする峻嶮な南八ヶ岳に比べて、北八ヶ岳はシラビソ、コメツガなどの針葉樹と苔むした原生林、山上湖などが随所に広がる柔らかなイメージの山域。夏休みの親子で過ごす山旅にはもってこいのエリアです。

茅野駅前から麦草峠行きのバスに乗って麦草峠で下車。木道が敷かれた苔むした原生林に入ると、すぐに北八ツに来たことを実感します。麦草峠から木道を歩き、大石川林道に出たら道標にしたがって雨池へ。広々とした湖畔で一休みしたら、左回りに湖畔沿いの遊歩道を進みます。道標に従って再び林道に上がったら、その林道を右に直進。やがて左手に雨池峠への分岐があらわれます。ここから三〇分あまりは大きな石が点在する登りになりますが、危険な箇所はないので落ち着いて高度を上げましょう。

雨池峠は縞枯山と三ツ岳方面への分岐点ですが、直進して縞枯山荘に向かいます。草原の中の木道をたどって行くと、すぐに三角屋根と風力発電の白いプロペラが目に入ってきます。そこが縞枯山荘。表のウッドデッキではコケモモジュースや淹れたてのコーヒーなどが楽しめます。さらに木道を突き当りまで進むと北八ヶ岳ロープウェイの山頂駅です。周囲一帯は「坪庭」と呼ぶ溶岩台地が広がっています。散策路があるので一回りしてみましょう。ロープウェイで下山すれば日帰りの行程。一泊する場合は、縞枯山荘か、坪庭から一時間の北横岳ヒュッテがおすすめです。

国土地理院発行5万分の1地形図を使用

レベル

親子コースタイム

4 時間（麦草峠～ロープウェイ山頂駅）

登山口までの行き方

JR 中央本線 茅野駅→アルピコ交通バス・麦草峠行き→麦草峠バス停 (約 65 分)

19

美しい稜線と天狗岳のパノラマに感動

北八ヶ岳《きたやつがたけ》② 稲子湯から天狗岳〈長野〉

北八ヶ岳の静と動を一泊二日で満喫できるのが稲子湯から天狗岳へのコースです。ここでは、天狗岳を展望できる、根石岳までのルートをご紹介します。

ＪＲ小海線の小海駅か松原湖駅からバスで稲子湯をめざします。終点の稲子湯か一つ手前のみどり池入口で下車。車で直接向かう場合は、みどり池入口バス停そばの林道ゲート付近に駐車スペースがあります。沢沿いの林道をゆるやかに登りながら登山道へ。登山道には昔使われていた森林軌道のレールがあらわれ、ノスタルジックな趣きが楽しめます。みどり池まで来たら、湖畔のかわいい山小屋「しらびそ小屋」の前で休憩し、再び登山道を前進。すぐに分岐があらわれますが、中山峠へは向かわずに左へ。森の中のゆるやかな起伏をいくつか越えながら一時間半余り歩けば、宿泊先の本沢温泉（山小屋）です。ここは内湯のほかに野天風呂があります。源泉が標高二一五〇メートルという日本で二番目の高さを誇り、硫黄岳の爆裂火口を仰ぎ見ながらの入浴は爽快そのもの。

二日目は夏沢峠に向かって一時間ほどの登りに耐え、根石岳手前の鞍部へと急降下すると根石山荘。この一帯はコマクサの群生地です。一息ついたら眼前に迫る根石岳へ。岩稜のピークに上がると、直下からカーブを描いて伸びる美しい稜線と勇壮な天狗岳がパノラマのように広がっています。まさに第一級の景観です。天狗岳は山頂部が岩稜の登りです。初心者親子は根石岳で折り返して下山するのが無難です。

国土地理院発行5万分の1地形図を使用

レベル

親子コースタイム

1日目：5時間（みどり池入口〜本沢温泉）
2日目：8時間30分
（根石岳〜みどり池入口）

登山口までの行き方

JR小海線 小海駅→小海町営バス・松原湖線 稲子湯行き→みどり池入口バス停（約50分）

20

屋久島《やくしま》 白谷雲水峡《しらたにうんすいきょう》〈鹿児島〉

太古の森で感じる、自然の息吹

まるでバベルの塔のようにそびえ立つ屋久杉と微細な苔が織りなす屋久島の森は、子どもに一度は見せておきたい日本の自然の原風景です。縄文杉や宮之浦岳、ヤクスギランドなど興味をひくスポットはたくさんありますが、屋久島の神秘的な森の魅力を堪能するなら、白谷雲水峡を一番におすすめします。

白谷雲水峡は、白谷川上流にある面積四二四ヘクタールにもおよぶ自然休養林。映画『もののけ姫』のイメージ作りで、宮崎駿監督が訪ねたことでも知られています。トレッキングの際は、できるだけ早めに訪れ、ゆったりと歩ける時間を確保するのがポイントです。

白谷広場の管理棟で入林協力金を払ってスタート。コースはいろいろありますが、神秘の森を満喫するなら弥生杉コースから原生林コースを往復するだけでも十分楽しめます。

ここでの主役は屋久杉よりも、森を埋め尽くす苔の美しさでしょう。雨の多い屋久島ですが、雨上がりの翌日なら、緑の絨毯のように妖しく輝く苔の表情がいっそう楽しめます。

一日コースの場合、くぐり杉、七本杉を過ぎて、苔の森（通称「もののけ姫の森」）まで足をのばせば、いよいよ苔一色の世界へと変わります。帰路は楠川林道で白谷広場へ戻ります。

一度では味わい尽くせないほど、去りがたく、何度でも訪ねたくなる森。それが白谷雲水峡です。指導票は完備されていますが、雨具、登山靴、食糧、飲み物などしっかりとした装備でのぞんでください。

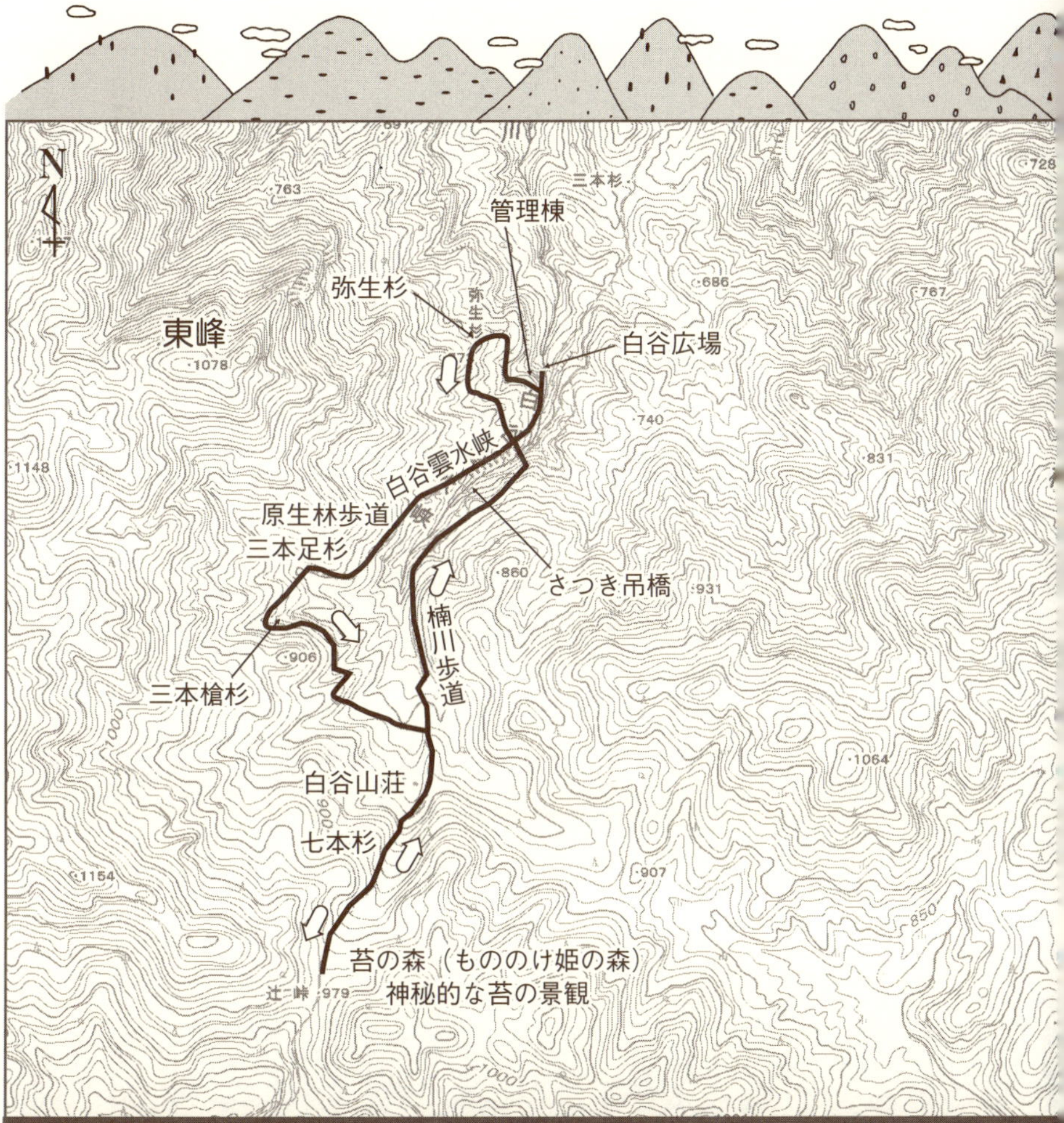

国土地理院発行2万5千分の1地形図を使用

レベル

親子コースタイム

4時間（全行程）

登山口までの行き方

タクシーやレンタカーを利用する

最高の山ごはん、それはおむすび！

山登りの楽しみのひとつは、なんといっても見晴らしのよい場所で食べるお弁当です。登山雑誌などでは、凝った〝山ごはん〟レシピも紹介されていますが、私に言わせれば、〝山ごはん〟不動の一位は、なんといってもおむすび。とにかく手軽だし、栄養分も理にかなっています。私たちの身体は、炭水化物を燃焼させることでエネルギーに変えています。そもそもどの民族も主食はみんな炭水化物です。アメリカ人ならパン、イタリア人ならパスタ、私が訪ねたことのあるアフリカのガーナではトウモロコシや山イモの粉を練ったものが主食でした。ラオスでは蒸したもち米が主食でした。

もちろん、日本人の主食はお米です。お米でつくったおむすびは、良質なでんぷん質に恵まれた炭水化物の代表格です。梅干しを入れ、塩をきかせて握れば日持ちもします。

梅干しもじつはすぐれた保存食。山登りの疲労は血液中に乳酸が発生・増加することでたまりますが、梅干しに含まれているクエン酸には、乳酸を水と炭酸ガスに分解し、身体の外に排出する働きがあります。さらに、塩もマグネシウム、カルシウム、カリウムなどのミネラルに恵まれ、海苔もビタミンB群が豊富……そうやって考えると、おむすびは欠点のない、完璧なファーストフードなのです。

山で食べるおむすびほど、おいしいものはありません！

5章 上級編

もっと高い山へ
チャレンジ！

我が家の高山初体験

私が子どもたちと初めて登った高山は、東京都の最高峰で日本百名山のひとつ、雲取山(二〇一七メートル)でした。息子が小学一年生で、下の娘が五歳になったばかりの春です。すでに子どもたちとは二年間で数十回の低山歩きを続けていたので、「必ず行ける!」と確信していました。

雲取山は高さや険しさよりも、行程が長く、深い山という特徴があります。起点の鴨沢から歩きはじめ、目的地の奥多摩小屋に着くまで休憩を含めて六時間以上。途中のブナ坂で疲れから不機嫌になった娘でしたが、ちょっと休憩をはさむとまた元気に歩き出してくれました。初日は無事に小屋に着き、翌日は片道一時間の山頂まで往復しました。これ以降、年二回のペースで子どもと雲取山に登り続けました。

息子が六年生で娘が四年生の秋は、主宰していた親子山教室(当時)のメンバーも一緒でした。初日の後半、ブナ坂の長い登りが続いた果てに、ようやく石尾根と呼ぶ広い尾根道に上がりました。すると子どもたちは、「山小屋まで先に行っていい?」と私に聞いてきました。

小屋までは大人の足で三〇分。尾根をひたすら西へたどっていけば、煙突から薪ストーブの煙があがる古風な奥多摩小屋があらわれます。子どもたちは何度も通っている道でしたし、小屋には顔なじみの小屋番さんもいるはずです。
私は例外的に子どもだけ先に行かせることを許しました。「じゃあ、小屋に着いたら小屋番さんにいまから親子〇人が到着しますって伝えておいて。あわてないでゆっくり行くんだよ」。そう伝えたにもかかわらず、息子と娘はいきなり速足になって、石尾根のゆるやかな稜線を競うように登りはじめました。その姿がみるみる小さくなり、まるでカモシカのように稜線を駆けあがっていく姿を眺めたとき、なんて素敵な光景なんだろうと心の底から思いました。子どもを安心して眺められるまで積み重ねてきた山での歳月が、私に贈り物を与えてくれたのだと思います。

何度も通える低山を持つのと同じように、高山もお気に入りの山域を見つけることが大切です。私たちも雲取山で経験を重ねながら、いろんな親子と二〇〇〇メートル峰へ挑んできました。甲斐駒ケ岳や鹿島槍ヶ岳などを経て、近年は八ヶ岳エリアをフィールドに、編笠山から蓼科山まで主要な山はすべて仲間の親子たちと登っています。北八ヶ岳エリアでは雪山トレッキングも毎年行えるまでになりました。

息子は中学、高校時代は毎年の学校登山にも参加し、級友たちと北アルプスや八ヶ岳へ登り続けていました。でも、我が家の原点はやっぱり低山にあります。親子で何度も低山を登ってきたあの日々があるからこそ、子どもたちは確信を持って高山の稜線をすすむのです。

低山を三年続ければ挑戦できる

標高二〇〇〇メートル以上の山になると、植生も風景も一変します。岩稜の稜線を歩くときの眺めは格別だし、クサリ場や鉄梯子を通過するスリリングな場面もあります。「そんな山にはとても子どもを連れていけない」と思うかもしれませんが、高山だからといって歩き方がガラリと変わるわけではありません。低山トレッキングを着実に積み重ねてゆけば、三〇〇〇メートル級の山だって夢ではないのです。〝低山を制する親子は高山も制す〟なのです。

ただし、こうした高山の多くは、ひとたび登り始めたら容易には引き返せないのも事実です。

親子山学校の場合、高山に連れていく親子は、登山歴三年以上で身体がブレずに歩けることを目安に選抜しています。そのとき伝えるのは、高山では、子どもはサポートされる存

高山になれば山はまた違った風景を見せてくれます

在ではなく、一緒に山頂を目指すパートナーだということです。

個人差もありますが、やはり最低三年の登山経験は必要です。仮に五歳から山歩きを始めた子なら八歳。しかし、八歳でも身体が小さすぎると段差の激しい登り下りで苦労し、余裕のない登山になります。ある程度の体格・体力も必要となります。

また、登山歴三年といっても一年に二、三回程度の低山経験では少なすぎます。目標は親子で年一〇回以上の低山トレッキング。一日六時間以上の行程を親子で心も身体もぶれずに歩けるようになれば、高山への挑戦権は十分にあるといえるでしょう。


3年間の低山トレッキングを続け、6時間しっかり歩けるようになったら高山にチャレンジ！

初めての高山、どこに行く？

初めて挑戦する高山はどのように選んだらいいか迷うところですが、じつはその基準は低山選びとあまり変わりません。

- **気候が安定している時期であること（夏〜初秋）**
- **登山者の多いメジャーな山、ルートであること**
- **エスケープルートや避難場所（山小屋など）があること**
- **登山口までのアクセスが比較的短いこと**

もちろん、実力以上に難しい山はさけてください。険しい登りや起伏が比較的少なく、指導票などの案内がよく整備されていることも重要です。

高山の場合、できれば大人だけで事前に一度登ってみてください。子どもが同じルートをたどるとしたら、時間配分も含めてどんな行程を組むべきか、どんな装備が必要になるかなど、あらかじめ準備しておきたいものです。

なお、標高二五〇〇メートル以上の山になると、六月ごろまで雪におおわれていることがあります。初心者は夏から初秋にかけてが安心です。

山の装備を見直す

〈登山靴〉

山の装備で真っ先に見直したいのは登山靴です。高山では荷物も増えて、長時間歩くことになります。そのためにはソール(靴底)が固く、足首までおおうハイカットの防水性登山靴が不可欠です。高山では岩稜が続くルートもあらわれます。そこではソールの柔らかい低山向きの靴(軽登山靴)では足首を痛めたり、疲労が蓄積されます。少々値が張りますが、安全で快適な登山のための保険だと思って、よい登山靴をそろえてください。

〈雨　具〉

雨具もいっそう重要になります。たとえ下界の最高気温が三〇度あっても、標高の高い山では最低気温が零度までさがることもあります。稜線に上がれば風雨にさらされることもあり、できれば透湿防水性に優れ、防寒・防風着としても使えるゴアテックス製などの高品質な雨具が理想です。

〈ヘッドライト〉

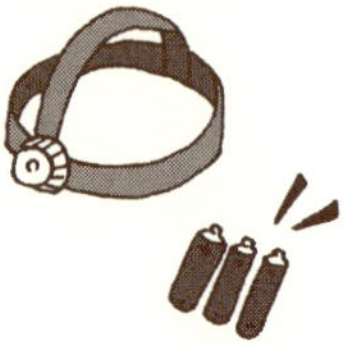

低山ではめったに出番のないヘッドライトですが、高山では親子とも必携です。小屋泊りでも、夜中にトイレへ行く際や、夜明け前から行動開始する場合に必要になります。できれば低山で一度、短時間でもいいのでヘッドライトをつけて歩く練習をしておくと安心です。予備の電池や電球も携行してください。

〈炊事用具〉
（コッヘル&ストーブ）

行動中の食事づくりやお茶には、登山用のコッヘル（調理用鍋）とストーブ（コンロ、バーナー）があれば重宝します。できればいつもの低山で使い慣れておくことをおすすめします。

〈サングラス・帽子・手袋〉

高山ではUVカットのサングラスは必需品です。つばの広い帽子もかぶらせてください。手袋は薄手のものでかまわないので親子とも必ず携行します。岩場など、手をついたり、つかまって歩くときに便利です。

山小屋ってどんな場所？

〈山には山のルールがある〉

高山の楽しみのひとつに、山小屋の宿泊があります。めざすルート上にどんな山小屋があるのかを調べ、必ず電話で宿泊の予約を入れます。

山小屋には、食事の提供ができる小屋と、自炊のみ可能の小屋があります。子ども料金を設定している小屋も多いので、予約時に確認して下さい。山小屋へはなるべく早く、どんなに遅くても一五時までに着くようにします。寝具(布団)が用意されている場合がほとんどなので、寝袋はいりません。時折、パジャマに着替えている人を見かけますが、そのままで寝るのが一般的です。パジャマは荷物になるので必要ありません。

食事の時間や消灯時間は小屋によって決められています。他人のいびきや寝息が気になる人は、耳栓があると便利です。枕元にはヘッドライト、水を置いておくと安心です。

歯ブラシは持参しても、歯磨き粉の類は不要です。自然に負荷を与えないためにも歯磨きは水だけで済ませます。同様にお風呂のある小屋でも、石けんやシャンプーの利用は不可という場合がほとんどです。山小屋では水は貴重なものと認識してください。

トイレはくみ取り式と水洗式のものがありますが、水洗式といえども下水道で処理されているわけではなく、バイオ処理や運搬処理をしています。使ったペーパーは便器に捨てず、備え付けの容器に入れるのが一般的です。

子どもに守らせたい山小屋のルール

1. 大声を出したり、走り回ったりしない
2. 本棚にある本は読んだらもとに戻す
3. 子どもだけで絶対に外を出歩かない
4. 食べきれない食事は先に親に取り分けてもらう（食べ残しをしない）
5. トイレの使い方を守る（ペーパーは別の容器に捨てる）
6. 水やお湯の利用方法を守る

〈顔なじみの山小屋をつくろう〉

お気に入りの山小屋が見つかったら、ぜひ何度も利用してください。雪のない時期であれば、たとえば五月の連休、夏休み、秋の行楽シーズンなど、訪ねる機会は一年で二、三回はつくれます。そのとき、宿泊時にちょっとした手土産を渡すだけでも印象は違います。

かつて、私たちが奥多摩小屋に子どもたちと通っていたときは、顔なじみの小屋番さんには魚の干物や果物、新聞などを手土産に渡しました。それで見返りを期待するわけではありません。滞在中の子どもたちがのびのびと過ごせるように、「目配りをお願いいたします」という程度の挨拶です。常連になれば、多少の融通が利くこともあるかもしれませんが、だからといって山小屋はわがままが通る場所ではありません。

近年は登山に縁のなかった人たちも続々と山にやってきますが、礼儀と節度は山小屋でもしっかりと守るのが〝登山者の矜持《きょうじ》〟というものです。下山後、可能ならば礼状を出したり、電話やメールをすると小屋の人も安心します。

五感が研ぎ澄まされるナイトウォーク

ヘッドライトに頼らず夜の山道を歩くのがナイトウォークです。と言っても、真っ暗闇を何キロも歩く必要はありません。トワイライト、つまり日没の刻々と暮れていく時間帯を、三〇分程度歩くだけで十分その魅力は味わえます。

場所は、東京でいえば高尾山のように年間を通して登山者でにぎわうメジャーな低山がおすすめです。日中に歩き慣れた、比較的平坦なコースが理想です。

日没が近づく時間からスタートすると、暗さにもだんだん目が慣れ、足元や周囲の様子が把握できるようになります。月夜の晩なら、山中でもけっこう明るいものです。ヘッドライトは、万一のときに使えるように携帯してください。

ナイトウォークをしてみると、人間の視力が意外にすぐれていることに気づくはずです。五感を通して自然を察知することを子どもに体験させるのは決して無駄ではありません。

いつか、あこがれのテント泊

テントは山小屋に泊まる以上に、自然に包まれている感覚があり、プライベートな空間と時間が持てます。山に慣れてきたら、ぜひ親子でその楽しさを味わってほしいものです。

山岳用テントの価格は三人用で四〜五万円が目安です。寝袋はダウンか化学繊維でつくられていますが、ダウン製のほうが暖かく、軽量・コンパクトです。しかしその分、高価です。化繊の寝袋はかさばるのがデメリットですが、安価だし、機能性は十分。暖かい季節だけのトレッキングなら化繊でもまったく問題ありません。

テント泊では指定された「テント場」を利用し、幕営（テントを張って過ごすこと）します。指定場所以外に張ることはできません。

山小屋が管理するテント場では、小屋に一人数百円程度の利用料を支払います。下界のキャンプ場のようなサービスや設備は望めませんが、共同のトイレや水場がある場合が多いので、そうした施設を利用してください。

高山でテント泊を行う場合は、日帰りや小屋泊まりで何度が通った山を選ぶと安心です。その場合も、テントを張っているうちに暗くなってしまわないよう、必ず明るい時間帯に到着することが

山でのテント泊は家族の絆を深めてくれます

大切です。

テント泊そのものが初めてであれば、低山で練習しておくことをおすすめします。

低山の場合は幕営が許されている山は案外少ないので、地元の自治体などに幕営可能かどうかを確認するようにしてください。

エピローグにかえて

我が家の親子トレッキングは、長男が四歳だった五月に清里(山梨県)にある美し森から天女山までの高原を歩いたのがはじまりでした。

その年の一二月、息子が五歳を迎え、長女が三歳半だった師走の晴れた日、二人の子どもと連れ立って歩いたのは、陣馬山から高尾山までのおよそ一五キロ。まだお昼寝が必要だった娘は途中で眠そうになり、私は三〇分ばかり抱きかかえて歩きました。

親子三人が最後の山、高尾山の頂上に着いたのは日没寸前。娘は私に抱えられて眠っていた時間以外は、すべて自分の足で軽やかに歩いてくれました。この日は、子どもたちの中に、山がすとんと入った日になりました。

その後、我が子と日帰りの低山トレッキングを一年余り続けたあと、私は「親子山教室」という自主グループを立ち上げました。すると関心を持った親子が次々と集まってきて、一年で四回だけのつもりではじめた活動は六回、八回と回数を増やし、日帰り低山トレッキングを中心に続けた活動は現在一五年目。気がつくと私はのべ一万人の親子を引き連れて山登りをしていました。

経験を積んだ子どもたちを連れ、高い山々の頂にも何度も立ちました。けれど、親子トレッキ

ングの基本は、やはり低山にあります。たとえ親子で二〇〇〇メートル級の高山に登れるようになったからといって、それまでの低山が不要になるなんてことは絶対にないのです。低山は最良のトレーニング場所であり、高山を知ったあとはいっそう貴重なフィールドとして自覚できるようになるはずです。

いつでも登れる低山をこれからも大切にしながら、いつか、より遠くの高い山での経験も親子でぜひ重ねていってください。その子がやがて親の手を離れ、自立し、巣立っていったあとも、親子で共有できた山の時間は子どもにとっても、親にとってもかけがえのない財産になっているはずです。そして、いつの日かまた、成人した子どもと一緒に山を歩ける日が訪れるかもしれません。

親子トレッキングの実りあるエピローグは、まだずっと先の稜線の彼方にあるのです。

著者紹介

関 良一（せき りょういち）

一九五七年、北海道生まれ。親子を対象とした「親子山学校」を主宰。幼児〜小学校低学年を中心に、これまでのべ一万人を超える親子に山を歩く楽しさを伝えてきた。みずからも四〇歳で山登りをはじめた経験から、初心者の目線でのアドバイスを常に心がけている。神奈川県相模原市在住。好きな山は甲斐駒ヶ岳。

親子山学校ＨＰ
http://oyakoyama.com/

4歳からはじめる

親子トレッキング

二〇一七年八月三一日 初版第二刷発行

著　者――関良一
発 行 者――木内洋育
編集担当――熊谷満
編集協力――斎藤修（グループ・エス）
発 行 所――株式会社 旬報社
〒一六二―〇〇四一
東京都新宿区早稲田鶴巻町五四四
電話（営業）〇三―五五七九―八九七三
http://www.junposha.com/

印刷・製本――株式会社 シナノ
装幀・本文デザイン――根田大輔（根田デザイン事務所）
カバー・本文イラスト――手塚雅恵

取材協力：株式会社モンベル

ISBN 978-4-8451-1280-7